ちくま新書

家庭という学校

外山滋比古
Toyama Shigehiko

1180

家庭という学校【目次】

はじめのはじめ

こどもの能力は放置されている

人間は万物の霊長であるということを信じていたが、あるとき、こどもの育て方についてては、ほかの高等動物に劣っているのではないか、ということを考えるようになった。人間はわが子の育て方が上手でない。本気になってこどもの能力をのばすことを考えないのではないか。どうしてであろうか。

そんなことを考えていて、こどもの最初の教育の大切さに気づいた。

遠い昔のことはわからないが、近代になってから、人間は〝はじめの教育〟を忘れてしまったかのようである。

生まれて当分の間、こどもは、授乳は受ける。それで体は育つけれども、心はなにもされないで放置されている。よくしたもので、それでもすべてのこどもに〝ものごころ〟はつく。いわば、自然発生的なこころのはたらきで、〝ひとのこころ〟に欠けるところがあってもしかたがない。

これは改めなくてはならない。

どうしたら、すこやかな体と、豊かな心を育《はぐく》むことができるか。

人間のこどもは未熟で生まれてくる。当分の間、なにもできないから、授乳によって体を育てることに集中するしかない。

そういう言いわけをして、こどもの心を育むことを棚上げしてきた。人類にとって不幸な常識である。

未熟で生まれてくる子である。手足を思うように動かすことができない。目もよく見えないらしい。なにもできない子と思われてもしかたがないが、耳はよくきこえている。生まれてくる前、母親の胎内にいる間に、親のきいているテレビの音を感知していると言われるほどである。

生まれたらすぐ耳の力を引き出してやらないと、せっかくの天賦《てんぷ》の才能が失われるおそれがある。

授乳と同じくらい早く、ことばかけが行なわれるのは、たいへん意味のあることで、すべてのこどもが、ことばを使えるようになるのも、この最初のことばかけ、きく力の育成のおかげである。

それは例外的で、大部分のこどもの能力は放置されているうちに枯渇してしまうおそれが大きい。

そのように考えると、いまはほとんど何もされていない新生児の教育の重要性がはっきりする。

家庭という学校が必要

こどもが歩いて行かれるまで学校がないのが現状であるが、それまでのこどもの才能を育むところ、〝学校〟がしっかりしていないのは、恥ずべきことである。

学校という学校の前に、家庭という学校がなくてはいけないが、それを認める人がすくない、というより、ほとんどない。

それでもかつては、心ある家庭は、胎教を考えて、しつけの作法をこしらえたり、こどもの最初の教育に心をつかった。

ここ五十年の間に、日本の家庭は大きく変化した。社会も変わった。とくに、教育の普及が目ざましく、かつては六年だった義務教育が九年にのび高校進学が九〇パーセントをこえ、ふたりにひとりが大学へ行くようになった。とくに、女性の高学歴化が進むということが現実になって、家庭という学校は大きな打撃をうけるようになった。

もともと、家庭の子育ては母親中心であったが、高学歴の女性は社会進出に魅力を感じることが多く、家庭という学校は先生が不足する。専任ではなく非常勤の先生がふえる。

そこへもってきて、少子化である。

学校である以上、生徒がいなくては話にならないが、ひとりっ子が当たり前のようになって家庭という学校は生徒不足に直面する。ひとりっ子の学校など、あるわけがない。しかも、先生が非常勤化している。まさに、家庭という学校にとって存亡の危機であるといってよい。

家庭という学校の肩代わりを期待されるのは保育所である。全国的に入りたい、入らせたいのに入れない待機児童が政治問題になろうとしているが、こどものために考える人が、これまたすくない。保育所の所管は厚生労働省である。保育所は福祉施設で教育の場ではない。家庭という学校の肩代わりをさせるのは筋が違う。

つまり、家庭という学校は危機に直面しているのである。未来の社会が大きく変わる可能性がある。ほうっておける問題ではない。

家庭という学校が荒れて、もっとも被害を受けるのは、生まれてくるこどもたちである。

しかし、幼い子は、訴えることができない。

そういう声なき声を代弁するつもりで、この『家庭という学校』は書かれたことをお伝えしておきたい。

Ⅰ 能力を引き出す

家庭は学校

こどもは多くないといけない

こどもの教育を受けるところを学校と呼ぶならば、こどもがまず入るのが家庭という学校である。もちろん、そんな名前はないが、いわゆる学校のない昔から、家庭はこどもの最初の学校であった。どこの家にもあったから名をつけて呼ぶこともなかったのである。

昔の家庭はいまに比べるとお話にならないくらい貧しかった。それなのに、なぜかこどもが多かった。〝貧乏人の子だくさん〟という自嘲的なこともささやかれた。

そういう世の中の学校である。家庭という学校でできることはごく限られているが、いまから見ると、かなり、しっかりした教育ができていた。多くの家庭は教育ということばをはっきり理解しなかったが、なかなかいい教育をしていたのである。

家庭という学校も学校だから、先生がいる。父母であるが、お母さん先生の方が中心になる。父親は、いわば非常勤みたいになることがすくなくない。

若い親だけでは心もとないことが多いが、祖父母が助けてくれる。先任教師だが、退職してもなかなかの力をもっている。家庭という学校の体制はがっちりしていたのである。

目ざましいのは、生徒、こどもの数が多いことである。たいていのうちが、子だくさんである。五人や六人ではすくない方、八郎くん、八重子さんもゴロゴロしている。上の子が下の子をしつけるらしい。年上のきょうだいのない長男はどこかおっとりしていて、すこし甘いところもある。

それを心なき世間は、〝総領の甚六《じんろく》〟などと笑ったものである。

それは六十年前までのことである。

戦後の社会の変わり方は家庭という学校を大きく変化させた。

いちばん大きな問題は、こどもの数が急速にへり出したことである。子だくさんというのはことばの上だけ。どこの家庭も、こどもがすくない。それが、かっこいいことのように思われた。しかし、学校はこどもが多くないといけないのである。しかし、なぜか、そのことが忘れられたようである。

有史以来の危機

タテ社会はおくれている、進んだ社会はヨコ社会であるというアメリカの思想をふりまく学者がいたりして、日本の家庭は大きな打撃を受けた。三世代家族はタテ社会である。ヨコ社会は夫婦中心である。タテ社会になるには年寄りとこどもを除外するほかない。

まず、年寄りが家庭から追い出される。こどもは出すところがないから、うちにおく。保育所があればしめたもの。そこへこどもを預けて、ダブル・インカム、ノー・キッズに近くなるというのが若い世代の心をとらえて、少子高齢化、核家族が始まった。

見る見るうちに、日本は長寿国になる。女性はいち早く世界一位。男性も上位をしめる。こどもの方も、少子化がすすみ、やはり世界有数の少子国になった。

さすがに、この少子高齢化を手ばなしで喜ぶ人はすくないが、高齢者もこどもも、ひどい目にあうことになったのをしっかり受けとめることができなくて、社会が活力を失いつつあることに気づかない人が多い。

もっとも大きく影響を受けたのが、家庭という学校である。

きょうだいのある子がすくなくなった。つまり、家庭という学校は過疎化しているのである。

主任の先生であった母親が、自分で外の仕事をするのが自己充実と考えるようになって家庭という学校の先生の役を返上する。子育てより自分で働いて収入を得る方がおもしろいという風潮はまたたくまに広がって、家庭の空洞化をすすめる。空洞化した家庭が学校などしていられるわけがない。

そういうわけで、家庭という学校は有史以来の危機を迎えている。困ったことに、それに気づかない人が多いのである。

生まれてくる子にとって、家庭という学校があるかないかは大問題であるが、こどもはそれを訴える力がない。

保育所へ入れたいのに入れない待機児童が一部、政治問題になっている中で、家庭という学校が危ない、などという浮世ばなれたことを考えるのはおかしいのかもしれない。

しかし、何百年もの間、実質的に存在していた家庭という学校である。古い、つまらない、などというので、つぶしてしまうのははなはだよくないことである。現に、家庭という学校で子育てをしている人たちも決して少なくない。その保育を受けて成長しているこどもたちのためにも、家庭という学校のよさをはっきりさせることは現代における、かくれた大きな問題である。

はじめは天才的

すべての子が天才的能力をもっている

人間はずっと長い間、大きな勘違いをしてきた。幼いときは、なにもわからない、なにもできない。ものごころがついてからものを教えよう、と考えて、まず体を大きくすることに力を注いだのである。

歩いて通学できるようになるのを待って小学校の教育をはじめた。初等教育である。やがて中学校で勉強、ついで高等学校。そして大学はいちばんあと、いちばん高級なことを学ぶ、と考えたのである。年齢とともに頭が発達するように思って、名称も小から中、中から高、そして大学となっている。大学は最高学府である。大学がもっとも大切で高度なことを教えるように思っている。

それが勘違いである。こどもについて言えば、もっとも能力の高いのは、生後、四十カ月くらいの間。その後、急に力が落ちる。

小学校へ入るころには、相当、能力が落ちていると考えてよい。大学生になれば、さらにずっと、能力を失っている。

近代の人間は、そんなことを認めないが、かつては、いわば常識のようになっていたのかもしれない。

十で神童、十五で才子、二十《はたち》すぎれば、ただの人
と言ったものである。十歳で神童とうたわれたものが、十五歳になれば、才子になる。さらに五年すると、並みの人間へ落ちていく。年とともに、能力が逓減《ていげん》していくのをつめたく見ているのである。

神童といわれる前、きわめて多くのこどもが天才的であると想像される。偏見に目がくらんで、それが見えなくなっているにすぎない。

生後十カ月くらいから、四十カ月まで、ほとんどすべての子が天才的能力をもって

いる。まわりが、そう思わないで、ほうっておくから、賞味期限の切れたもののように、だめになってしまい、天才などは夢のようになる。

神童といわれるのは、天才が消えなかった状態の幸運な子である。それでも、十年後には、ただの人になることがある。天才は消えやすいのである。

なにかの偶然で、その天才的能力をつなぎとめることができれば、本当の天才になる。しかし、それは稀有《けう》のこと、何十万、何百万にひとりかふたりしかないだろう。それでもいわゆる天才は、すべてのこどもが、天才的能力をもって生まれてくることを立証しているのである。

ことばは教わらなくても習得できる

そういう天才とは別に、こどもがすべて天才的能力をもっていることを示すことがある。これは、いわゆる天才でなくても、ほとんどすべての子が達成する。

なにかというと、ことば、である。

生まれてくる子は、ことばを知らない。生後、まわりのことばをきいて、覚え、使えるようになる。

ことばの習得が難しいことは、外国語を学ぶときに、いやというほど、わかる。何年かかっても完全にマスターすることが難しいのである。

ところが、すべてのこどもは、かなり不完全な教え方をされているのに、ほぼすべての子が、ほぼ完全に習得するのである。これを天才的と言わずに、何と言ったらよいのか。

多くの子が、教えられなかった文法を自分でつくっているらしい、というのもおどろきである。教わらないことを覚えるというのは普通ではない。天才的能力を考えないと説明がつかない。

それにつけても、生後の数十カ月、知的啓発について、ほとんどなにもしないできたのがくやまれる。しかるべき、育成がなされれば、天才が続出したであろうと思われるのである。

実際に天才となった人たちは、賞味期限内に、才能を引き出してもらった幸運な人である。大部分のものは、そういう幸運にめぐまれなかったために、天才をくさらせただの人になったのである。

ことばは、ほとんど唯一の例外である。そのことばによって、人間はすべて人間的になり、心を育むことができるようになるのである。

ほかの能力も同じように伸ばしてやれば、人間は、多才多能な天才になることができると考えられる。人類進化の可能性がここにある。

家庭という学校の新たな使命

そう考えるにつけても、生まれて数十カ月の間、ほとんど才能育成になにもしないでいることが惜しまれる。

家庭という学校が、こどもの天才的能力の育成ということを本気になって考えるようになれば、新しい人類が誕生すると言ってもよいであろう。

どうしたら、潜在的な天才能力を引き出すことができるか。家庭という学校の手にあまる大問題である。ひろく社会の力をあつめて、究明、開発する必要があることのように思われる。

教育学だけでかた《ヽヽ》のつくことではない。心理学も生理学も医学も、力をつくして、解決すべき大きな課題である。

人工頭脳が人間頭脳をうち負かすのではないかというのが、問題になっているが、こどもが生来もっている天才的能力をはっきり引き出し、うまく育成することができるようになれば、機械的能力に負けるわけがないと考えるのが、人間に希望を与える思想である。

その点からも、家庭という学校がおかしくなったりしてはいけないのである。

新しい使命をもった家庭という学校によって、世界は新しく、より高いものになる可能性がある。

親心

こどものしたいことをさせる

芥川也寸志《やすし》は文豪龍之介の遺児である。亡父は、不幸な死の前に、こどもたちを芸術家にはしてくれるな、ということを言い残したらしい。後にのこった未亡人と親友たちは、それを故人の遺志として大切にした。そこへ也寸志が音楽をやりたいと言い出したのである。母親も後見人の人たちも、当然のように反対した。中学（旧制）五年生の也寸志は思い余ってであろう。担任の先生に相談した、というより、悩みを訴えに行った。

担任は英語の先生だったが、ただの教師ではなかった。のちにりっぱな英語学者、大学教授となる人である。石橋幸太郎。

　ひと通りの話をきくと、担任が也寸志に向かって、

「よし、わかった。キミはキミのしたいことをすればいい。お母さんには、わたしからお願いしてみよう」

といって、その場で、鎌倉のお母さんへ電話。

「お子さんのしたいことをさせるのが、いちばんです。也寸志くんの志望を認めてやっていただけませんか。いまここに本人がいます」

　未亡人がりっぱだった。

「先生におまかせします。反対している方たちには、私がお話しして、わかっていただきます……」

というわけで、音楽家が生まれることになった。本人が、後年、エッセイでふりかえっている。

　先生もえらいが、お母さんも聡明である。世の母親の手本になる。

後をつがせない

池田成彬《しげあき》は戦前の日本を代表する実業家であった。三井財閥の〝大番頭〟としてかくれもなき実力者であった。人間としてもただものではなかった。

あるとき、こども三人を集めてこう言った。

「将来、何をするのも自由だが、実業家にだけはなってほしくない。ほかのことなら、なんでもよい」

たいていの親なら、そんなことは言わない。言えない。なんとなく、後をつがせたいという気持をおさえることができない。それで二世があらわれる。

池田成彬は、そういう小欲を蟬脱《せんだつ》していたのである。二世で初代をしのぐ仕事をするのは容易ではないから、かりに、いくらか成功しても、親の七光り、と言われてしまう。父親のあと同じことをしようとするのは賢明ではない。そのことを、百戦錬磨の父親は心得ていたのである。

その教えを守った息子たちもりっぱである。英文学者になった人もあり、建築家になった人もいる。

英文学者になった池田潔は、『自由と規律』(岩波新書)を書いて、ベストセラーにしただけではない。戦後、混乱していた日本の教育に清風を吹きこんだ名著である。ただの英文学者では考えることもできないことである。父親の志はみごとに実を結んだと言ってよいだろう。

自分の夢を子に背負わせない

父親はわが子に自分とは違ったことをさせたい、自由に育てたいと考える傾向がつよいようで、芥川家、池田家はその目ざましい例である。それに比べて、母親は、自分のしたかったことをわが子にさせようと考えることが多いように思われる。

こどものとき、ピアノが習いたいと思ってもそれを許さぬ事情のあった人は、わが子にはなんとしてもピアノを習わせたい。無理をしてピアノを買い、稽古へつれていく。音楽が好きになってくれればめでたいが、そううまくはいかないことが多い。落書きに画《か》いたのをほめられたのがキッカケで、絵の方が好きになって母親をがっかりさせる、というようなことがおこる。

かつての自分の夢をわが子によって実現しようとするのは、無意識なエゴイズムである。こどもにとってありがたくない。反発されることもありうる。賢い母親はこども中心に考える。自分のためにこどもを利用するのはいけないことである。これがなかなかわからないのが人間で、親の夢のつづきを背負わされてつぶされた子はおびただしくいる。

そう考えると、芥川家、池田家の考えはこども主体であることがはっきりするが、それだって、父親のしたことをするなというのは、親のエゴイズムである。本当に父と同じことをしたい、と思う子には、同じことをさせるのが、大きな親心であるということができる。

ほかの子にまけてほしくない、世の中の流行におくれたくないというのも、母親の方がつよいようである。

水泳がいい、といわれると、プールがこどもでいっぱいになる。もちろんこどもが泳ぎたいと言うのではない。みんなが行くから、行く。行かないとおくれているように焦《あせ》る。

これもこどもにありがたくない。水遊びはおもしろいが、スイミングスクールはそれほどおもしろくない。強制されると、はっきりきらいになる。むりやりプールへ通わされて水泳ぎらいになった子がどれくらいあるか、わからない。

〝教える〟より〝引き出す〟

どうも誤解があるようである。

生まれてくるこどもは、なにもできない、なにも知らない。だからひとつひとつ、教えてやらないといけない――そう考えている。前にも書いたが、それが誤解である。なにもできないように見えるが、その実、なんでもできる能力をもっている。

ことばについて言えば、生まれたばかりの子は、ひとこともことばを発することはできないが、日本語でも、英語でも、ホッテントット語でも覚え、使えるようになる能力をもっている。生後、親のことばをきかせるから、そのことばを覚えるが、フランス語だけをきかせればフランス語がわかるようになる。

大人がこどもにことばを〝教える〟というのは正しくないのかもしれない。こどものもっている能力を引き出すのであって、教えるのとすこし違う。英語で、教えるという意味のエデュケイト（educate）ということばがあるが、そのもとの意味が〝引き出す〟であるのは、おもしろい。〝教える〟というのより、妥当であるように思われる。

いわば万能的能力をもって生まれてくるのに、こどものことのわからない大人たちが、教え込むのが子育てであると考え違いした。ほんのわずかの能力しか引き出すことができないままで終わっている。こどもは、天才的能力をそなえて生まれてくるのに、それがわからない大人が〝教える〟と称して、ごく一部のことを注入しようとしているのである。

早期教育などと称して、早いうちに知識や技能をしつけるのを、いかにも進んでいるように考える人がふえて、こどもは迷惑している。もっといろいろなことをさせてもらいたい、とこどもは歎くともなく歎いている。

教えるのはたいていい小さなことである。いくつものことを同時に教えれば、混乱するおそれがあると思うから、早期教育はたいていひとつに限られる。そのほかの能力は放置されていてやがて消滅する。

遊ぶことで能力が目をさます

〝遊び〟がたいへん大切なのは、早期教育などと比べて、大きく、いろいろ雑多な活動にかかわるからである。

うまく遊ぶことができれば、多くの能力が目をさます。昔から、こどもの遊びが重視されていたのが、近代学校教育が知識の習得に集中したため、遊びを排するようになってしまった。こどもの成長にとってたいへんよくないことであるが、大手をふってまかり通っている。

勉強せよ、という教師は、遊べ、とは言わない。勉強によって引き出される能力は、遊びによって引き出される能力よりはるかに小さく、すくない。そういうことを心配した人であろう、〝よく学びよく遊べ〟というモットーをこしらえたが、心なき人たちの理解するところとならず、いつしか消えてしまった。こどものため、惜しむべきことである。

こどもが将来、なにになるのか。親として重大な関心事であるが、人間についての考えがはっきりしていないために、親の好みによって、いい加減にきめられる。親心は大きく力強いものだが、先を見ることがうまくない。自分の思いつき、まわりの流行をわが子のためだと思い込む。

賢い親心は、こどもに遊びを与えて、もてる能力がすこしでも多く発現させるのを助けるのでなくてはならない。

子育てのおくれ

オオワシのすぐれたインプリンティング

人間は万物の霊長などと威張っているが、ほかの動物がうまくしていることができないで、からきし、ダメなことがあるのである。しかも、そのことを、意識しないでいる。

子育て。

ほかの哺乳動物は、みな、それぞれの仕方で、はじめの子育てを行なっている。人間は、なにもできない新生児をもてあまし、授乳はするけれども、ほかに教育することは、きわめてすくない。

未熟児で生まれてくる人の子は、動物の子育てを真似ることができない。そして、なぜ未熟児で生まれてくるかということも忘れてしまう。忘れるのではなく、はじめから知らないのである。

そのために、人類はどれほど大きな損失を受けてきたか、計り知れないほどである。いろいろえらそうなことを言う人たちも、このことは考えない。子育てを本気になって考えることもない。人類の進化を妨げているもっとも大きな要因は、最初期の子育てにあると言ってよい。

たとえば、オオワシは、たいへんすぐれた、初期教育をしている。ヒナがかえるとすぐ、始まる。母ドリは、ヒナの側を片時もはなれない。父ドリは狩りに出て、食べものをもってくる。みごとな分業で、家庭という学校の教育が進められる。

生まれてくるヒナは、親ドリのすることをなんでも真似するようにできている。先生をとり違えたりしてはコトである。

ヒナは、先生を見分ける力を与えられている。お手本の先生はすぐそばにいる。大きい、よく動く……そういうものが、先生であると本能的にわかるようになっている

（実験で、人間がヒナのすぐそばにいると、ヒナはそれを親のように思うらしく、いちいち、その人の真似をしようとする）。

親ドリのこの教育はインプリンティング（すり込み）と呼ばれる。オオワシはすぐれたインプリンティングをするのである。

空を飛ぶのはたいへん高度な技術である。それを、インプリンティングでは、おどろくほど短期間で完了する。ヒナドリは巣立ち親ばなれをすることができる。親は子ばなれ。まことにみごとな子育てというほかはない。

それに引きかえ、人間の子育てはいかにもお粗末である。生まれたばかりの子は、なにもわからない、なにもできない、と決めてしまう。インプリンティングというようなことを考える親はほとんど、まったくない。

自由放任ではなく、インプリンティングを

家庭という学校はあっても名ばかりで、先生があってもやはり名ばかり。いい加減である。病気にしなければいいいと思うくらいである。

そんなことなら家庭という学校はいらない。先生である親が、外へ出てはたらく。心なき人たちが、それを、女性の社会進出だ、などともち上げるから、保育所が足りなくなる。保育所がとんでもない苦労をすることになる。

いちばんあわれなのは、生まれてくるこどもである。トリのヒナがしてもらっていることの何十分の一、何百分の一くらいのことしか教えてもらえない。

かわいそうなのは、こども自身が、そのことを訴えることができないことだ。声なきこどもの声を聴きとることのできる大人が、あいにく、いないときている。

インプリンティングを受けることのできないこどもは、必死になって生きるすべを自力で学ぶ。独学である。あわれ。

こんなおかしいことが、大昔から、つづいてきたのである。あまりすぐれた人間があらわれなかった、としても、しかたがない。

現実の問題として、親にインプリンティングの考えがまったくない場合、こどもの育成は、自由放任になるほかはない。もって生まれた能力、才能のごくごく一部しか〝発現〟しないことになる。いまの人間はほとんどが、そういう育成を受けてきている。そのために、どれだけ多くの才能、能力が、未発のまま消滅しているかしれない。考えると、すくなからず、ユウウツになる。

インプリンティングなど不要、というのならそれに代わる能力を発現させる方法を考えなくてはならない。これまでのように、無関心であるのは大きな誤りであると言ってよい。

保育所へこどもを入れることしか考えない親たちは、インプリンティングを放棄しているのであるから、その結果を甘受する覚悟が必要である。動物にも及ばない子育てをすることに対して、生まれてくる子に何と言って詫びればよいのか。どんな悪いことでも、みんなですればコワクない、というのであってはならないように思われる。

親が育てるにしても、インプリンティングも知らないようでは、まっとうな子育てはできるわけがない。失敗する。二度、三度と失敗しているうちに、おのずとコツを覚えるのであろう。愚兄賢弟といわれるようなことがおこってきたが、少子化の家庭という学校では、小手だめしをするようなことも許されない。

正しい子育て文化の確立こそ急務

家庭という学校ができないなら、親子ともども、子育て学校へ〝留学〟するというのも考慮に値する。よい結果が得られるかもしれない。

女性の社会進出が喜ばれるいまの時代である。家庭という学校がむずかしい状況に追い込まれるのは是非もないが、しっかりした家庭という学校をつくるのは、すこし時間はかかるが、大きな社会貢献をすることができるという認識が広まるのは、社会百年を考えれば、きわめて重要である。反発、批判が予想されるけれどもこれから生まれて来るこどものことを考えれば、ひるんでいられないはずである。

小学校へ入学するまで教育を停止しているのは、いかにも不当である。これまで、そうしていたことに対する反省も必要であるが、正しい子育て文化を確立するのは急務である。

国を愛する心があるのなら、政治家が知らん顔をしているのはおかしい。カネを使えば、少子化対策になるといった幼稚な考えでは、未来のこどもを救うことはできないだろう。

家庭という学校がなおざりにされているのは、日本だけではない。どこの国も似たりよったりである。人間が思ったように進歩しないのは、一部は、最初期の教育の欠落とさえ言える混乱のせいであるとしてもよいであろう。

小さな意見の違いをすてて、これからのこどものため、人間のため、社会のために、創造的合意に達することができれば、地球的貢献も夢ではなくなる。世界に先がけて、家庭をこどものはじめての学校にすることができれば、人類として進化するきっかけになるのである。

はじめのことば

まず母親が声をかける

人間にとって、ことばは、もっとも大切な知識である。知識以上の意味をもっているが、文化が発達するにつれて、ことばをおろそかにする傾向があらわれる。

子育てにおいても小さなときから、音楽の稽古をさせる家庭があるが、〝はじめのことば〟を教えるところへつれて行く親はないと言ってよい。

だいいち、生まれたばかりの子に、ことばを教えるということを知らない。経験のない親だけではない。病院なども新生児にことばの話しかけが必要であることをしっかり心得ていないのが普通である。こどもがかわいそうだと思う人もないから、いつまでたっても変わらない。

こどもが生まれたら、なるべく早く、母親は声をかけてやるのである。何と言うか、文句など問題ではない。ひところ流行した〝こんにちは、あかちゃん〟でもいい。母の声は、きわめてつよい緊張緩和の力をもっていると思われる。お母さんの声をきいて、赤ちゃんは、意識しない安心をする。泣くのをやめるかもしれない。

このはじめの呼びかけは母親にしてほしい。看護師だって、しないよりはましだが、母の声は特別。お腹の中にいるときもきいていたのである。

なるべくなら、何度も話しかけてやるようにしたい。こどもにたいへんよい影響がある。すこやかに育つ第一歩である。

はじめての子を生んだ母親は、赤ん坊に話しかけるのをためらうことがある。それが、その子の成育によくない作用を及ぼすかもしれないと想像することはすくない。

父親が呼びかけたっていいのではないか、という理屈を言う人もいるらしい。

赤ちゃんからすれば、できれば、お母さんの声がありがたい。だいいち、声の質が違う。美しい声である。豊かな声は、心身をやわらげる効果が大きい。

自然は、そういうこともあろうかと、女性の声を、美しく豊かにしてある。エストロゲンという女性ホルモンが、そういういい声を出させるのだ、ということを聞いて、信じている。父親はエストロゲンがすくないだけことばが貧しい（外国語の勉強でも、同じくらいの力なら、男性は女性に及ばないのが一般である）。

いずれにしても、生まれて早々、母親の声をきくことのできない子がふえているらしいのは由々《ゆゆ》しき問題である。なんとかしないと、生まれてくる子がかわいそうである。

こども本位の赤ちゃんことば

キリスト教の聖書に「はじめにことばありき」という有名なことばがあるが、いまの子は、そのはじめのことばがあいまいになっている。それに気づかないのは鈍感であるけれども、みんながそうだから問題にならない。

子育てではインプリンティングがおろそかにされているが、ことばは例外で、インプリンティングが必要である。ほかのインプリンティングができないからといって、ことばのインプリンティングも放棄してしまったのでは大変である。

しっかりことばのインプリンティングをしなかったため、こどもの受ける被害はきわめて大きい、と想像される。

〝三つ子の魂〟というのも、ことばのインプリンティングによるものと考えると、初期幼児期のことばの教育はきわめて大きな意味をもっていることがわかる。

高学歴であるほど、こどものことばを軽視する傾向が高まるらしい。昔に比べて、いまは、家庭におけることばのしつけはずっとすくなくなっている。そして、それを、悪いことであるとは思わないのである。ことばに弱い人間がふえるのは、是非もないかもしれない。

二十世紀の終わりごろ、アメリカの知的女性の間に、赤ちゃんことばへの関心の高まったことがある。マザーリーズと呼ばれた。それは、

ゆっくり話す

くりかえし話す

抑揚をつける

笑顔で話す

などといったことを教えた。

わが国へも伝わったが、本場のアメリカでマザーリーズは女性差別であるという批判があらわれたために消えて、日本でもびっくりして、やめてしまった。いまどきマザーリーズを口にする人もないが、こどものためには、喜べないことである。

赤ちゃんことばは、みっともない。ワンワンなんていわなくて、はじめからイヌといいましょうなどという。イヌという音はきこえが悪い、ききとりにくい。ワンワンははっきりしている。はじめてのこどもとしてはワンワンの方がいいにきまっている。

手は、テである。おててなんておかしいとインテリお母さんはいきまくが、はじめての子には〝テ〟だけでは、はっきりしない。オテテとしてはじめてよくとらえられる。目だって同じ、メの単音はききとりにくいので、オメメとしていうのである。こども本位なのが、赤ちゃんことばなのである。これをなくしては、こどもが迷惑する。

母親の言葉を優先

近年の家庭では、このことばのインプリンティングについて、新しい問題が生じている。

両親が地方出身で、いま住んでいるところとことばが違うケースである。親は自分のこどものときの赤ちゃんことばを方言で知っている。いまいる都市のこどもことばは知らない——そういう場合、どういうことばを使えばよいか。両親の育った方言が違うときは、原則、母親のことばを優先する（ヨーロッパでは、両親の母国語が異なるときは母親のことばで子育てするのがルールである）。

両親のことばが違うのは、生まれてくるこどもにとって大きな負担になる。こどもの知能の発育にもかかわるかもしれない。いまはどうか知らないが、かつてはこどものことばの能力は、関東と関西でかなりはっきり差があらわれた。関西の方がすぐれている。小学生全国作文コンクールなどがあると、低学年ではことにはっきり西高東低の成績になる。

関西では同じことばを使う大人が多いのに対して、関東は大人の使うことばが安定していないことが多い。それがこどもの作文能力にも影をおとしていたものと見られる。親、大人のことばはこどものことばに大きな影響を及ぼしていると見てよい。

やむを得なければ父のことば

その実例をあげる。

Ｐさんは、日本語の教授であった。そのことばが美しい。ききほれるようであった。大学の教授会で委員会の報告をＰさんがすると、ほかの人たちが耳を傾けた。その声、話しぶりがすばらしいのである。彼女はＮＨＫの名アナウンサーと言われた人のお嬢さんであった。

あるとき、私が、なにか特別の教育を受けたかと訊ねたところ、Ｐさんは、別に何も言いませんでした。たまには、そんなことを言うもんではない、と注意されたことはありました、ということだった。つまり、父親の美しい話し方をきいているだけで、自然に美しいことばが話せるようになったのである。

父親でも子のことばをよくすることができるのである。

一般の家庭では、そういうわけにはいかないから、工夫が必要である。よいことばの録音などをきかせることもできる。

ただの会話でなく、すぐれた文章を読みきかせるのも有効である。ただ、実際には、なかなか実行できない。

テレビやラジオがことばの先生、というのがきわめて多いが、そのつもりで放送されていないだけに、安心できない。

やはり、親がこどもに話しかけることばがもっとも大切であることになる。母国語、英語でもマザー・タング、と母のことばを名前に出しているのは偶然ではない。

いまの時代、母のことばがこどもの成長にいかに大きくかかわっているかについての認識が不足しているように思われる。

家庭という学校の中心科目は、言うまでもなく、ことばである。母のことばである。やむを得なければ父のことばである。

はじめのことばは、母のことばである。これがゆらぐようなことがあっては大変である。

Ⅱ 苦労は買ってでもせよ

お母さんの声変わり

三歳で急変するお母さんの声

生まれたばかりの赤ちゃんにお母さんの話しかけることばは、この世でもっとも美しいであろう。やさしく、あたたかく、心をうごかす力がある。

生まれてはじめて聞くことばが、お母さんのことばであるのは、自然の摂理であろうが、大きな幸福である。病院などで出産することが多くなって、この幸福を受けない子がふえているが、こどものために、悲しむべきことである。病院でも、その気になれば、はじめてのことばを母親の声にすることはできるだろう。

女性は男性に比べて言語能力が高い。美しい、やさしい、あたたかいことばにかけて男性は女性に及ばないことが多いが、生まれてくるこどものための、自然の摂理である。なんとしても、はじめてのことばは母親の声にしたいもの。

さきにもふれたが、女性はエストロゲンというホルモンがたっぷりある。このエストロゲンはことばの能力を高めているらしい。エストロゲンの少ない男性は女性にかなうはずがない。

外国語を学習するようになっても、この女性優位はゆらぐことはない。同じくらい努力しても、男性は女性ほど進歩しないことが多い。それでコンプレックスに悩む男性も、わずかながら存在する。

お母さんのやさしいことばは、しかし、いつまでもつづかないことが多い。

こどもが三歳くらいになると、お母さんのことばに変化がおこる。

かつて、ある小児科医が、お母さんは声変わりする、といって話題になったことがある。

こどもがすこし大きくなると、それまでのやさしかったお母さんのことばが急変するというのである。きびしい、つめたい声になる。

どうしてそういう変化がおこるのか。

なぜ母親は焦るのか

原因は母親の焦りである。よその子に比べてわが子はおくれているのではないか。心配になる。どうも、うちの子はおくれているようだ。しっかりしてほしい。よその子に負けないようにしたい。そういう親心が、声変わりをおこす。

お母さんは夢中だから、そんなことはわからない。はたで冷静にみている、小児科のお医者にはこれがよくわかる、というわけだ。

こどもは、お母さんの声変わりに、つよいストレスのようなものを感じるであろうが、もちろんそれを訴えることができない。

こどもの発育は個性的でひとりひとり違っている。同い年の子でも、片方にできて他方の子にできない、などということはいくらでもある。うちの子ができなくても、心配することはない。そのうちできるようになる——とお母さんはノンキにかまえていられないことが多い。焦る。

つい声をつよめてこどもをはげましたり叱ったりする。それがお母さんの声変わりである。いちばん被害を受けるのは当のこどもである。お母さんのことばが変わってこどもはショックを受けるであろうが、かわいそうなことに、それを、自覚することができない。傷ついた心は深化して性格に結びつくかもしれない。

いけないのは、よその子と比較することである。それよりもっといけないのは、うちの子はおくれているのではないかと思うことである。

どの子も同じようにすばらしい能力をもって生まれてくる。ただ、生後の環境によって、能力発現は一様ではない。さまざまに個性的である。よその子のできることをわが子ができないからと言って、ただちに、うちの子がおくれているときめつけるのは大きな誤りである。

こどもの心に配慮する

焦る気持がことばにあらわれるのはしかたがないことだが、焦るのはマズイという反省のできるのは大きな知恵である。もの言わぬ幼子に代わってお願いしたいと思うのである。

そうは言っても、ほかの子と比べて、焦ったり、いい気になったりするのは親心の自然である。それをいけないと言うことはできない。やめさせることなどできるわけもない。

そう考えるのは賢い親である。

賢い親でもやはり、声変わりはある。

ただ、それに気づくのはたいへん難しいことで、たいていは知らず知らずにすごしてしまう。

そういうことを考えられるのは、すぐれた知性である。いまの親は昔の親より知的にすぐれているが、ほかのこと、よそのことは、わかっても、自分のこと、愛するもののことがわからないのは、昔と変わりがない。

お母さんの声変わりをなくすることはできなくても、それが、こどもの心に傷をこしらえているかもしれないと考えることはできるだろう。知的というのは、そういう力をもった人のことを言うのである。

こどもにとって、お母さんの声変わりは〝失楽園〟であるかもしれない。たかが声変わり、されど声変わり、である。

お母さんは、それだけ、責任が重い。そのために努力するのは、人間としてきわめて大きな仕事である、と言っても過言ではない。

ハコ入り

学級崩壊が起こる

家庭はこどもをかわいがる。かわいがりすぎる。それで大事に育てていると思ってしまう。

へたによその子と遊ぶと、悪いことを覚えるおそれがある。なるべく友だちはすくない方がよい、ないのが一番いいと思う親もすくなくない。昔とは大違い。

いまのこどもはめったな子とは遊ぶこともできない。親のお眼鏡にかなった〝いい子〟とだけしか遊ばせてもらえない。

乱暴な子、きたない子、頭のよくないいらしい子は、落第、友だちにしてもらえない。

こどもはみんな、おとなしく、よくできて、やさしいものだと思って大きくなり、あとあとひどい目にあうことになる。

やはり、友だちなどなくていい、ない方がいい、となって、家庭の中へとじこめられてしまうようになる。

昔、「ハコ入り娘」ということばがあった。結婚前の女性に〝ムシ〟がついてはたいへんだから、外へ出さず、ひたすら大事に育てるのを皮肉ったことばである。良家の子女は〝ハコ入り娘〟ときまっていた。

今どき、そんなバカなことを考える親はない。ところが幼い子には、〝ハコ入りこども〟にしたいと考える親はすくなくない。下手に外へ出せば、悪いことにかぶれたりする、大切に、〝ウチ〟の中で育てるのが親の愛情と考える。もちろん〝ハコ入りこども〟などということばを知らない。

ハコ入りこどもは、もちろん、よそのことを知らない。自分と同じようなこどもがたくさんいる、などということがわからない。

幼稚園へ入ると、先生を手こずらせる、思うようにならないと、暴れる。幼稚園児だから、暴れるというようなことになる。

しかし、小学校へ入るころになるとこどもに体力がついているから、暴れ方も派手になって、教師を手こずらせる。

馴れない教師が、学級崩壊といって大げさにさわいだので、ひところ、社会問題のようになったが、別にそれほどおどろくことはないのである。

ハコ入りこどもを、ハコから出せば、途方にくれたこどもが右往左往するのは当たり前で、静かにしていると思う方が間違っている。

悪への免疫をつける

このごろは、馴れてきたせいか、話題にもなることもないが、ハコ入りこどもが扱いにくいのは変わらない。学校はひそかに、家庭をうらんでいる。それをはっきり言えないのがつらいところである。

いくら可愛くても、わが子をときどき、ちょっと心配な外へ出してやる勇気が必要である。よその子と遊べば、かならず、おもしろくないことを覚えてくる。悪いことをまねるかもしれない。それがいやだからといって、こどもを不自然な環境にとじこめるのは、長い目で見ると、こどものためにならない。

なにひとつ悪いことをしないのがいい子であるように考えるのは誤った潔癖である。ちょっぴりは悪いところがあっても悪い人間にならないのがいい人間である。そういう考えをしないのが新しい親たちであるらしい。

ハコから出すと悪いことに感染するかもしれないと心配して、隔離しておくのは、決して健全ではない。ハコから出て、世の風に吹かれると、とたんによくないことにとりつかれる。悪への免疫がないのはたいへん危険である。

危険をあらかじめ取り除くのも悪いことではないが、なにごとも完全ということはない。危険や悪にしても、いくら努力しても、完全にゼロにすることはできない。

われわれは病原菌を怖れる。しかし、病気になる。体内の菌をすべてとり除くことはできないから、かなり多くの雑菌をかかえながら〝健康〟でいられるようになっている。自然の摂理である。

実験用のマウスは、それではいけないから完全に無菌状態で飼育される。無菌であるために、ひどく弱い。ほんのわずかの病毒にも冒されて発症する。それだから役に立つのである。

ハコ入りこどもは、実験用マウスのようなもので、たいへん弱いものであることを知らなくてはならない。

失敗してもクヨクヨしない

こどもが育っていくとき、いちばんの危険は病気である。へたをすれば、命を失うのだから心配するのは当然であるが、医療の進歩発達もあって、かつてに比べて近年の幼児死亡率は大きく低下している。そのために、平均寿命も大きくのびているのである。

それに比べると小さな危険ではあるが、試験の失敗、不合格は高学歴化ということもあって、いよいよ大きく、怖れられるようになった。

入試の合否を人生の大事のように考えるのは、高学歴社会になってからで、戦前は、入試などで騒ぐのは、ごく一部の家庭であった。

いまは、たいていの家庭が入試の心配をする。試験を受ける当人よりもまわりの方がうるさい。それで実際以上に入試が重大視されるのである。

試験でたしかめられる学力はごく一部である。かりに失敗しても学力不足であるとは限らないが、合格したものは落ちたものより学力が高いと考えがちである。どうしても入試に落ちるのをひどく恥じるようになる。なにか悪いことでもしたかのように思う人が多くなった。

入試に落ちても、小さくなって、恐縮することはないのである。まっとうな入試なら、合格者より不合格者の方が多いのが普通である。落ちる人がいるからこそ合格者がいるのである。しかも、落ちる方が数が多い。すこしも恐縮するに当たらない。

なにごとも、数がものを言う世の中で、多数決でものごとがきまっているとき、少数の合格者だけが威張っているのは、おかしい、と考えることもできる。

そんな風に割り切るのは素直ではないであろう。やはり、落ちるより受かった方がいい。しかし、やはり落ちる。

落ちたらクヨクヨしないのである。次の挑戦をすればよい。こんどはうまく行くかもしれないし、うまく行ってほしい。それでもなお失敗するかもしれないが、やはりクヨクヨしない。一度浪人すれば、人間がたくましくなるのはたしかである。失敗が人間をつよく、賢く、謙虚にする。受ける試験に片っ端から合格、失敗を知らない俊才もあるにはあるが、羨ましがることはない。落ちたことのない人は、どこか甘いところがある。思いやりに欠けることが多い。報われない努力によって大きな仕事をなしとげるのは、失敗した人に多い。

成功は人間を粗雑、尊大にしがちであるが、失敗の苦労をかさねた人は、心あたたかく、弱者をいたわり、貧しきものにやさしい。

若いときの苦労は買ってでもせよ

人間は、成功から学ぶことが下手であるが、どんなノンキな人でも、失敗からは痛切な教訓を受ける。りっぱな人生を送りたかったら、なるべく、若いうちに、失敗、苦労、貧困など、常識的にはしたくない経験をしておくことである。昔の人が、〝若いときの苦労は買ってでもせよ〟と言ったのは、やはりひとつの英知である。

試験を怖れる人たちは、下がることのないエスカレーターにのることを願う。昔からそうだが、エスカレーターがない時代では、いまほど試験に落ちることを怖れなかった。逆に、試験なしで上へ上がっていくのをいくらか皮肉った。

入試を受けないで上級学校へ進むのを、トコロテン教育といった。トコロテン学校は普通でなく、教員養成学校の付属学校が中心で、一般の学校ではない。

戦後になって、入試の失敗を怖れ、嫌う家庭が多くなるのを受けて、私立大学などが学生確保を目的に、付属学校をこしらえ、それを家庭が喜ぶようになった。トコロテン教育などとは言わない。中高一貫教育などと言うのである。ハコ入りこどもはそのエスカレーターへ、である。

一部の公立の普通の学校が、中高一貫校になり、家庭を喜ばせた。公立校も生徒がほしいのである。教育効果を考えてのことではない。

中高一貫は、エスカレーター学校である。じっとしていればどんどん上へ行かれる。世の中が、エスカレーター式になっているから教育がまねたということもあろう。

企業などは、長い長いエスカレーターだと考えることができる。特別のことがない限り、じっとしていれば、定年まで上がっていく。一貫教育のエスカレーター学校に比べて企業は、長大エスカレーターである。一生の大半をそこですごす人の人生が、ユウウツなものにならないか。そんな心配をするのはエスカレーターにのりそこねた人なのであろう。

しかし、しっかりした家庭という学校は、エスカレーターでは人間らしい喜怒哀楽に恵まれないという考えを自分でつくり上げ、それを貫いて、花をさかせることを考える。ハコに入れていては、ためにならないと考えるのは、それなりにりっぱな知性である。

少子化

「貧乏人の子だくさん」からの転換

戦争が終わった。私は、軍隊にいてそれを迎えた。

戦争に負けたのは口惜しかったが、人間らしい人間のいない軍隊から解放されたのは喜んでいいことだ。そんな思いで復員。中途になっていた大学へ戻った。

日本人以上に日本の文化に深い洞察をもっていたH・R・ブライス先生の講義がおもしろかった。

ある日、ブライスさんは脱線の雑談をはじめた。

日本は貧乏になったのだから、こんなにこどもが多くてはいけない。うんとへらすべきだ、という話である。

そのころすでに一部の先覚者（？）が産児制限論をぶっていたから、ブライス先生のことばも目新しいということはなかったが、つよい感銘を受けた。やはり、貧乏人の子だくさんは不幸であるかもしれないと考えた。

生活が貧しいほど多産であるというのは自然の摂理なのであろう。すくなく産んで大事に育てることがかなわないなら、とにかく多く産むほかないのははっきりしているのである。

戦前の日本も貧困社会であったから、こどもが多かった。五人や六人ではすくない。親はこどもを食べさせていくのに言うに言われぬ苦労をした。

それでも、親たちは、子を大切にし、〝子宝〟と考えた。こどもは、教えられなくても親孝行であった。

名はなくとも、家庭という学校はしっかりしていたのである。そこで学んだこどもたちは、困難な環境をのり越える力を養うことができた。変な間違いをするのは例外としてもよいほどで、健全な社会を支えた。

やはり、戦争がいけないのである。その戦争に負けたのは、もっといけないことであった。日本人がすこしおかしくなった。

お母さん先生が非常勤に

とにかく食っていかなくてはいけない。

先立つものはカネである。役にも立たないこどもは足手まとい、仕事のじゃまになる。子育てなど、二の次、三の次になる。家庭という学校に冷たい風が吹くようになったが、それに気づく大人はいない。ひどい目にあうこどもは訴えることができない。

カネをかせぐには、高等教育を受けなくてはならないと勝手にきめた女性たちが家庭をすてて大学へ入った。そして帰らなかった。

サラリーマンが高級な生き方であると考えるのは、一次産業を蔑視する偏見であり、思考力欠如のおこす錯覚である。

家庭という学校などということは頭から問題にしない。子育てなどしても一文の得にもならない。勤めに出れば、収入になる。そう考えれば、子育てなどするのは愚かなことになる。

子だくさん。とんでもない。ひとりで充分。それも勤めのさまたげになる。そんな風に考えれば、家庭という学校など問題にならない。家庭という学校の主任教員は母親だが、さっさとやめて、非常勤になりたいと言い出した。こどもはすくなくなり、専任の先生がいないというのでは、家庭の学校は存亡の危機を迎える。かといって家庭という学校を動かしている人たちも自信を失いがちになるのは是非もない。

家庭という学校はいよいよ影がうすくなるだろうが、それを心配する人もない、というのだから、こどもたちがかわいそう、あわれである。誇りをもって、愛情をこめて子育てをする家庭という学校の灯を消してはいけない。

名前はなかったが、家庭教育、家庭という学校は、何百年も前から、日本だけでなく、世界中、どこの国でも存在した、もっとも重要な教育の場である。父親はすこしもの足りないところもあるが、校長、母親は教頭、担任、給食を一手にひき受ける。家庭という学校はお母さん先生でもっている。もってきた。その中心人物がふらふらしたらたいへんである。

保育所の大きな人生的意味

家庭という学校をおびやかすのは、先生不在ということだけではない。生徒数がへってきたことである。少子化が行きすぎて、ひとりっ子がふえた。学校はたくさんのこどものいるのが建前である。生徒がひとりになったら、廃校である。家庭という学校もこどもの数がへって、力を失った。先生も腕を上げることができない。三人、四人と子育てをやりとげたのはベテランである。労せずしてしっかりした子育てができる。

昔風の考え方をする人たちは保育所に冷たい。保育所ではいい子育てはできないと考える。

保育所が幼児教育をしないのは当然である、教育のために保育所があるのではない。仕事をもった親の代わりにこどもを預かる託児施設である。そのため、文部科学省所管ではなく、厚生労働省の管轄になっている。保育所は幼児教育をする責任を負ってはいないのである。この点ははっきりしておかないといけない。

しかしながら、保育所は、家庭教育のできないことをすることができる。同年齢のこどもが何人もいるのである。

こどもということばは、もともと、複数であった。ひとりの子をこどもというのは正しくないはずである。それがいつしか、ひとりの子もこどもと呼ぶようになったのは、こどもにとって、ひとりというのは異常であるからである。こどもは、複数であるのが正常であることを暗示する。

少子化がすすめば、そんなことは言っていられない。多くの家庭で、ひとりっ子がいる。それをうまく育てるのは、子だくさんのこどもを育てるよりはるかに難しい。

昔の人が、〝総領の甚六〟というひどいことを言った。長男のできが、ほかのきょうだいに比べてよくない、というのである。どうして、そうなるのか、コトは簡単ではないが、長男にはひとりっ子の期間があるのが、甚六になる理由であると考えることができる。

少子化の家庭という学校では、甚六の育つ危険がすくなくない。それに気づかないのはたいへんな落度である。

保育所は同年齢、近い年齢の子が何人もいていっしょにすごすことができる。こどもにとって、かならずしも、愉快なことばかりではない。それどころか、つらいこと、いやなことの方が多いであろうが、ほかの子といっしょにいることだけで、たくさんのことを体で学ぶことができる。こどもにとって、意識されない〝苦〟である。家庭という学校で育つのに比べていかにもかわいそうであるが、大きな人生的意味をもっている。

昔の人が、「若いときの苦労は買ってでもせよ」と教えたが、保育所は、幼いときに、苦労と感じられない苦労を経験させることができるのである。家庭という学校では、さか立ちしても、できないことである。

少子化社会での家庭という学校は、どうしたら同年齢、近い年齢のほかの子と遊ぶことができるかを真剣に考えなくてはならない。

うっかりしていれば、感心できないかたくなな人間を育てることになる。

保育所としては、年齢の近いこどもを何人もいっしょに生活させることが、きわめて大きな教育であるという自覚をもつようになれば、いまのままで、教育機関になることができる。

ころび方

歩き方のしつけが大事

歩くのは人間だけではないが、人間は一生歩きつづける。歩けなくなったらコトである。

たいていの人が、歩くことなんかなんでもない。自分はちゃんと歩いていると思っている。はっきりそう思うのではない。だいたい、歩くなど問題にするのはおかしいと思っている。

進歩はいいが、ただ、歩くのに意味はないと考える人がほとんどである。

生まれた子に、歩き方を教えなくてはいけないと考える親は例外的。手をひいて、

「あんよは上手」と昔の親は、いくらか指導めいたことをしたが、高学歴化した親たちは、そんなことを恥じるのであろう。ほったらかしである。

それでも、こどもは、歩くことを覚える。うまく歩くことができないのは、むしろ、当然であろう。

ころんだり、高いところから落ちたりする。面倒だというので、かつてベビーウォーカーが流行した。それに入れておけば、ころぶ心配はない。歩けるようになる、と喜んだ家庭がすくなくなかった。

たいへん悪い道具である。

ベビーウォーカーに入れておけば、ころぶことはない。ころばなければ、安全だというのは、たいへんな考え違いである。

歩くのは、たいへん高度な運動である。四本の脚をもっている動物は、ころぶことなく、歩くことができる。二本脚で歩く人間は、いわば曲芸をしているようなもの。うっかりすれば、ころぶ。

下手にころべば、ただではすまない。年をとると、また、歩き方が下手になって、よくころぶ。しばしば骨折したりして寝たきりになるのである。こどものときの歩き方のしつけが悪いからそんなことになるのである。

こどもはころぶ必要がある

直立歩行には転倒はつきもの。

ころばないようにするには、歩きはじめのときに、何度もころび、体の重心を体得する必要がある。しかしそれを考える人がすくない。そして、幼児教育の必要を論じたりするのだから、おかしい。

歩き方を教えるには、ころび方も教えなくてはいけないが、家庭という学校は歩くことなど問題にしない。ほうっておいても、こどもは歩けるようになる。そう思っているのである。

小学校の体育だって正常歩の訓練をすることはすくない。先生でも、しっかりした歩き方の訓練を受けたことがないのだから、教えたくても教えられない。教えたいとも思わない。ころび方を知らずに大きくなった子が、年をとると、転倒、骨折、寝たきりになるケースが、ふえる。

ただひとつころび方を教えるのが柔道である。稽古の前とあとに、受け身をする。ころび方の練習である。これで、柔道の怪我がどれくらいすくなくなっているかしれない。

相撲もよくころぶ。しかし、柔道の受け身に当たることはしないのではないか。柔道に比べて怪我が多いように思われる。

歩き出しのこどもには、何度も、ころんでもらう必要がある。もちろん怪我しないようにしなくてはいけないが、歩き出しのこどもはころんでも大怪我などしないようになっている。体が丸々と太っているのは、ころんでもいいようにクッションのような肉がついているのである。自然の摂理である。それを知らないで、ただ、ころばせないようにすればいい、と考えるのは、無知、である。教育が普及するにつれてそういう無知が広がったというのはいかにも皮肉である。

つま先に力を入れる

正しい歩き方は、つま先に力を入れて歩くのである。かかとをつよく地面につけると、頭に振動が伝わって、よくない。

ところで戦後、女性がハイヒールをはき出した。その歩き方などは教える人もないから、かかとに力を入れて歩く。頭によくないが、それ以上に、ハタ迷惑である。エスカレーターを走り降りると、ケタタマシイ音を発するのである。みんなが我慢して、二十年、このごろようやく下火になってきた。

歩くのは脚。手は関係がないように思うのも正しくない。人間も、遠い遠い昔は手も使って歩いていたはずである。

重いものをもって歩くのは体のためによくない、ということを知らないで一生をすごすことが普通になってしまっている。大きなカバンをもち歩く。両手にもち切れないほどの荷物をもっている人もすくなくない。

いずれも、正常歩のしつけを受けなかったからである。

近年、手荷物をやめて、リュックサックを背負う人がふえたのは、歩くことを中心に考えると、たいへん合理的である。

歩き方

散歩をしない日本人

歩くのは、もっとも大事な活動である。乗りもののすくない時代、どこへ行くのにも歩く必要があった。面倒だなどとは言っていられない。

世の中が便利になると、乗りものがふえる。それとひきかえに、人間はだんだん歩かなくなった。そして、運動不足による生活習慣病がふえて、社会問題にまでなった。医学が、歩くことをすすめ、散歩が広まるようになった。

日本人は、もともと散歩をしない。明治になって、日本へやってきたイギリス人がしきりに歩いて見せたが、散歩をする人はごくごく限られていた。もともと、散歩を呼ぶことばもなかった。散歩はウォーキングの訳語に当たるが、適訳とは言えない。

ヨーロッパのまねをして、散歩道をこしらえた京都の〝哲学の道〟は、一般にはしっくりしないところをもっている。ぶらぶら歩いているのはロクでもない人間である、とする感覚はなかなか変わらない。

そういう中、歩かないと健康を害するという医学の警告は、つよい力をもっていた。歩く人がふえた。

万歩計というものが流行、一日に一万歩というのが目当てになった。それにつられて歩く人が多くなったが、いつとはなしに、歩くことをやめてしまう人がすくなくない。〝目的もなく歩くのはいやだ〟とはっきり言う人もいる。

〝歩いても楽しくない〟と言う人もすくなくないようである。おもしろさを求めて歩くというのは普通ではないが、歩き方がわからないから、いつまでたっても、歩くことが身につかない。

履きものの問題

街を行く人たちの歩き方を見ていると、まさに百人百様である。ひとつには履きものの問題がある。

いまではほとんどの人がクツで歩いているが、祖父母の時代は下駄であった。下駄の歩き方とクツの歩き方とは大きく違っていなくてはならないはずであるが、それを教えてくれるところがない。

小学校の体育で教えてくれるといいが、外国のまねをしている体育では歩き方を教えない。体操は教えるが、歩行は体操ではないのである。

クツはもともと日本には不向きな履きものである。乾燥したところではいいが、日本のように高温多湿なところでは、不健康である。水虫などに悩む人が多くなるのも当然である。

ことに女性のハイヒールがいけない。ハイヒールはカカトに力がかからないようにできているのに、下駄と同じように後部に力をかけるくせが抜けない。カカトが早くダメになる。

それより問題なのは、足の振動が頭に伝わりやすいこと。それが、よくないということをよく知らないで、歩いている人が多い。

ハイヒール、もちろん、悪くない。しかし、正しい履き方を覚えてからでないといけない。しかし、そんなことを気にする人はすくないようである。

腰痛に悩む中年女性が二八〇〇万人もあるという。本当かしらと思う数字だが、その何割かは、クツのはき方が悪いことに原因があると見てよい。

ころべないという問題

ふり返ってみて、われわれは、一度も歩き方の訓練を受けたことがないのである。こどもは生まれてすぐには歩けない。未熟で生まれてくるからである。この点、ほかの哺乳動物に劣ると言えるかもしれない。

まわりは、その間に、歩かせることを忘れてしまうのかもしれない。歩き出しに、しっかりしたしつけをすることがない。

手をひいて、歩かせる。しかし、すぐやめてしまう。親としてはころばせてはいけない、というのが唯一の関心。前の項でものべたが、それをねらって、こどもを入れるベビーウォーカーが流行したことがある。それに入れておけば、ころぶこともない。

ところが、ベビーウォーカーで育つと、いろいろまずいことがおこる。まず、脚がまっすぐにならないで歩く。O脚になったり、X脚になったりするおそれがある。

いちばんいけないのは、ころべないことである。体のバランスが悪いところぶ。それで体の重心を感知するのである。ベビーウォーカーに入れられると、その感覚ができない。大きくなると、ちょっとしたことで転倒したりすることになる。

よちよち歩きの間に、何度かころぶのがたいへんいい経験になる。成人してからもころびにくい。ことに年をとってからの、転倒、骨折が、少なくなる。「ころぶな」は、老人訓の筆頭だが、幼いとき、歩き出しのときに、しっかりころび方を身につけておけば、年をとってからの転倒がすくなくなるのははっきりしている。

正しい歩き方とは

家庭でしっかり歩き方をしつけられないことが多いから、幼稚園ではもっと歩き方を教える必要がある。小学校の低学年の体育は、歩き方中心がいい。

背すじをのばして、ほんのわずか前傾。脚に合わせて、自然に手をふる。ものをもって歩くのはよろしくない。危険である。健康にもよろしくない。ことに重いものをもって歩くのは避ける。

手は、もともと、歩くのに用いられていたものである。重い荷物などもちはこぶようにはできていないのである。

手があけば、大手を振って歩くことができる。実際、不自然なほど手を振っている人がいて、いくらか見苦しい。ことに、前後に振るのではなく、八の字を書くように横に手を振って、ほかの人に接触することもあるが、幼いときに、正常歩の訓練を受けていれば、こんなことにはならない。

正しく、美しく歩いているのは、見た目によいだけではない。頭のはたらきにもよい刺激を与えるらしい。ものを考えるには歩くのがいちばん。歩くということは、遠くギリシャの昔に始まったことで、ギリシャの哲人たちは、歩きながら哲学を論じたらしい。中世になって、〝歩けばモノゴトは解決する〟(Solvitur ambulando) ということばが生まれた。そういう文化の中で、カントの散歩も生まれたのである。

歩くこと、正しく歩くことは、体だけでなく、心と頭のためにもよいということを、知らないできたのは不幸である。

生まれて間もない子に正しい歩き方を教えるのは、こうしてみると、きわめて大きな意味をもっている。

Ⅲ 親が自分で教える

よく学びよく遊べ

遊ばない子はバカになる

こどもは遊ぶものである。一日中、遊んでいるようなものだ。

戦前の貧しい時代でもこどもはたっぷり遊んで育った。退屈ということを知らない。毎日が夢のように過ぎていく。

そういうこどもが小学校へ入ると、

「よく学びよく遊べ」

という校訓に戸惑った。〝よく学べ〟はわかる。そのために学校もあるのだ。しかし、〝よく遊べ〟が、よくわからない。こんなに遊んでいるのに、どうして、もっと遊べなどと言われるのか。しかし、たいていの子はそんなことは気にしない。わからないことを教えるのが学校である。これも、そのひとつだろう。などと思うのは、コマシャクレタこどもらしくないこどもである。

そういうコマシャクレタ小学生が、先生に、どうして、もっと遊べというのか、と訊ねたところ、先生も不思議がっているだけで、答えられなかった、という。

イギリスには、もっとどぎついことわざがあった。

「勉強ばかりしていて遊ばない子はバカになる」

というのである。英語ではAll work and no play makes Jack a dull boy. である。直訳すれば、「勉強ばかりしていて遊ばないと、ジャックはのろまな子になる」である。「よく学びよく遊べ」よりはっきり、遊びの必要を教えている。

日本人はもともと勤勉で、よく働いた。ダラダラ遊んでいるようでは一人前に扱ってもらえない。こどもだって、遊んでいないで手伝うべきである、勉強をしないで、遊んだりしてはいけない、という考えが支配的であった。

そう考えると、「よく学びよく遊べ」は日本固有のことばではなく、外国から移入させたものではないかという疑いが生じる。「勉強ばかりしていて遊ばないとバカになる」のホンヤクかもしれない。だとすれば名訳と言ってよい。

遊びをつくり出す

かつての日本は貧しかった。しかし、こどもの遊びも貧しかったであろうなどと考えるのは誤解である。

まず、遊ぶ仲間がいた。学校から帰るとカバンをほうり出して、仲間のたまり場へ行く。もう、遊びが始まっていることが多い。いっしょになって、時を忘れて遊びほうける。あたりが暗くなりかけると遊びは終わり、みんな家へ帰る。夜、外をぶらぶらしているのは〝不良〟である。だれだって不良なんかになりたくない。こどもは健全。

男の子がみんなでする遊びでは、チャンバラに人気があった。竹の棒を刀にして、斬り合う、うまく斬られると、〝やられた〟といって倒れる。たわいもない剣道のようなものだが、なかなかおもしろい。いつまでもアキがこない。

もうすこししゃれた遊びをするグループもできる。遊びをつくり出すのである。笹の葉を折って笹舟をこしらえる。小川に浮かべて競争する。笹舟のつくり方で、速度が違うから、みんな、工夫する。うまく勝つと何とも言えない喜びである。

そのうちに、松の新芽、若松を水に浮かべると、にじり出る樹液で前へ進むことを見つける。笹舟とは違い、こちらは、〝エンジン〟がついているから、それだけ、おもしろさも大きい。どこそこの松の芽はよく走る、など言い合ったりする。

水鉄砲はこどもの力でつくることはできないが、スギ鉄砲なら、手軽にできる。

小竹をとってきて、切る。一方へ、自転車の矢ばねを短くした細い棒をさし込む。他方の筒に、スギの実の熟したのを入れる。そして新たに、スギの実を入れて押すと、さきの実がプチッという音を立てて飛び出す。一メートルくらいは飛んで、当たればかすかに感じられる。これがおもしろい。つくり始めて鉄砲になるまで、どれくらい時間がかかるか、夢中だからわからない。スギの実が、とび出していくと、実にいい気持になる(そういう遊びをしたこどもが、花粉症になったりはしない)。

夏になると、昆虫がいる。これを捕えるのは、ほかの遊びとは違ったスリルを味わわせてくれる。これは仲間といっしょ、というわけにはいかない。ハンターなのだから、単独行動である。

カブト虫は早起きだから、陽が出てからウロウロしたりしない。カブト虫がとりにかかったら暗いうちに、目ざす木のもとに立たないといけない。家族の寝ているとき、そっと抜け出して、カブト虫のいる木まで急ぐ。いる、いる。そっととらえて虫カゴに入れるときの喜びは格別である。

セミは、それに比べると、散文的である。たいていは鳴くのに夢中だから、不細工な袋などでどんどんとれる。カブト虫とりに比べて容易なだけおもしろさもいまひとつ。

同じセミでも秋口に出るツクツクボウシは格別である。体はほかのセミの半分もないが、実に美しい。姿だけでなく、なく声もいい。セミのプリンスである。

なんとかして捕えようとするが、幼い子ではとらえられない。木の高いところで鳴いている。アミを近づけると、さっと消える。飛び立ちぎわに、小便らしきものを発射するのである。だからこそツクツクボウシがよけいに捕えたくなる。

仲間といっしょにわれを忘れる

かつて、幼稚園の園長をしていたとき、どうしたわけか、竹馬がもち込まれた。女性の先生ばかりの幼稚園でもてあましていると、こどもたちが、おもしろがった。それで、竹馬に乗ってみせてやろうと思った。こどもたちにかこまれて竹馬に乗ったのである。

こどものころ、いつも竹馬に乗って、遊んでいたのだから、すこし年を食ったからと言っても乗れないことはない。

こどもたちの見ているところで、竹馬に乗って歩きまわってみせた。こどもたちがカンセイをあげた。その日を境にして、こどもたちが身近になったような気がした。乗りたいと思った子がたくさんいたに違いない。

このごろは、おもちゃが多くなり、手づくりの遊びがなくなったが、自分で工夫して遊ぶのは、学校の勉強とは違った頭のはたらきを要する。ただ人まねをして遊ぶのではなく、自分なりの創意工夫をはたらかせることができ、それがおもしろいのだから、遊びはただの遊びではなくなる。能力の発達を促す効果がある。そういう、自然の中、仲間といっしょにわれを忘れる経験は一生の間、大きな力の源泉になるようである。

「よく学びよく遊べ」は、やはり、正しいモットーである。

かけっこ

かけっこはなぜ嫌われるのか

かけっこは小学校の運動会の花であった。

見にいく人たちも、たのしみにしている。こどもたちも、多くの人に見てもらえるのではり切る。

戦後、しばらくは、人気があった。

やがて、かけっこをきらう親たちがあらわれ、ふえた。競争させるのはいやだ。順位をつけるのは差別でおもしろくない。うちの子にはかけっこをさせたくない、という保護者があらわれたのである。

学校が遠慮して、かけっこをやめるところが出るようになる。代わりに、盆踊りのような踊りをさせる。これなら競争にならないが、こどもはおもしろくない。しかし、かけっこのことは忘れられるところがふえた。

かけっこでさえなくなった運動会である。かつて男の子の喜んだ騎馬戦（三人が馬をつくりその上に騎手がのる）など、いち早く姿を消してしまった。これもこどもたちに惜しまれた、たしかにいくらか危険であるが、力と力をぶっつけ合うことで、エネルギーを発散するのがいい。騎馬戦に汗を流す子たちは、明るく、やさしく、元気であった。すくなくとも、イジメなどするものはすくなかった。

しかし、こどもをかわいがる家庭からすれば騎馬戦など、危険で野蛮であるとなったのである。いまは知る人もすくない。

かけっこは、そんなに危険ではない。ころんで怪我をする子もほとんどない。それなのに、一部の家庭から嫌われるようになったのは、順位がつくからである。勝てばいいが、大半は負けるのである。どうして、わけもなく競争させるのか。ものの わかるはずの親たちが、そう考える。その仲間がふえ、学校に申し入れる。学校にも同調する教師がいるのだろう。かけっこ廃止がきまる。

こどもにかけっこを教える

小学校の運動会でかけっこが花形であったころ、たまたま、うちの子が小学校へ入った。

はじめての運動会へ、母親と祖母が見に行った。

帰ってきた二人がひどく情けない様子である。きいてみると、うちの子が、かけっこでビリだった、というのである。そんなことでしょげたりしてどうする。ビリだっていいじゃないか。ビリがいなけりゃ一番も二番もないのだ、と思えばいいなどと言うと、こどものことに冷淡だと叱られた。

何を言うかと思ったから、ほうっておいた。二年生の運動会のかけっこでもやっぱりビリだかビリに近かった、といって、母親と祖母はなげいた。そんなこと、なんでもないじゃないかと思ったから、知らん顔をしていた。

すこし心配になり出したのは、こども本人が、自信を失い、弱気になりだしたように見えたことである。かけっこでビリなんて問題ではないが、弱虫になってほしくない。やればできるということを知ってもらいたいと思った。

三年生の運動会が近づいたとき、こどもに、速く走れるようにしてやる、と言うと、目を輝かせた。

私は、中学生のとき、全校に知られた陸上競技の猛者であった。百メートル、二百メートル、四百、八百、幅跳び、走高跳びなどの種目もトップか二位である。そういう人間の子が、小学校のかけっこでビリとはどうしたことか、不思議であった。

一年のときも二年のときも運動会を見に行かなかった。わが子がどういう走り方をしているか見当もつかなかった。足の速い父親の子だから、トップになるのが順当でビリとはなさけない。そう思っていたが、ほったらかしにしていたのが反省された。

走り方を知らないのだろう。

それを教えてやろう。

そう考えたが、子に教えるということにためらいがあった。こどもも、父親に教えてもらうのは、おもしろくないかもしれない。半ばおそるおそる、走り方、教えてや

ろうか、と言ってみた。びっくりするような明るい調子で、
「うん！」
と応じた。

三日間のトレーニング

じゃ、いますぐ始めようとなって、近くの大通りへ行く。ほとんど車の通らない広い道路の両側に、人通りのすくないない広々とした歩道がある。かすかに登り坂になっているが、それはかまわない。

そこへ行って、まず、走らせてみる。まるでなっていない。走り方の指導を受けたことがないのだから無理もないが、こどもが可哀想になった。

かけっこをさせる学校にしても、走り方など教えることはしない。ただ、やみくもに走らせている。教育としていささか、無責任であるが、考えてみると、私自身、走り方を学校で教わったことはなかった。それが当たり前だった。

こどもの走り方を見て、これではダメなわけだと思った。ちょっと直せば、見ちが

えるようになる。

いちばんいけないのは、上体がそり気味であること。これでは走れない。もうひとつは、手がふれていないこと。走るのは足だけでなく、手も使う。そんなことをこどもが知るわけがない。腕をまげて力強く前後にふれ、と教えた。

大通りのトレーニングを三日つづけた。つぎの日が運動会である。

いつものように祖母と母親が見に行った。首尾はいかんとうちで待っていると、二人がうれしそうに帰ってきた。なんとトップだった、という。とても信じられないという風で、私のおかげだと感謝された。

私としては、はじめて、わが子にモノを教えた、という気持になった。こちらの注意を素直にきいて、その通りにしようというのが見ていて、何とも言えない気持であった。あんなに素直なこどもをそれまで、知らなかったのである。

これで、こどものかけっこコンプレックスは消えたようである。以来、かけっこがうちで話題になることもない。

しかし、この三日のかけっこ練習で、親子の絆をたしかなものにしたように思っている。こどもの方も、親の力を見なおしたのではないか、とひそかに、うぬぼれることもある。

親こそ最高の教師

教育ママ、教育パパということばは戦後かなりしてから広まったことばであるが、自分で教えるのではなく、稽古ごとをさせ、塾へ通わせたりするのをそういうらしい。やはり、親が手を下して、こどもを導いてやるのが、本筋であろう。親は最高の教師である。

高等動物の子育てはインプリンティングである。これは人間の家庭教育など足もとにも及ばぬすぐれたものである。

自転車乗り

親には教える義務がある

クルマが普及して歩かなくなったといわれるが、自転車に乗る人は、すこしもへっていない。むしろふえている。

年をとっても自転車に乗る。

自転車に乗るにはかなりの運動神経が必要であることを知らない人が、さっそうと走る。それほどの年でもない女性たちもさっそうと走る。すこし乱暴な人もいる。うしろにこどもを乗せて、疾走する。歩いている人間をつき飛ばさんばかりに走っていく自転車もある。

危ないじゃないかとハラを立てかけていると、後ろの子が、〝すみません〟と言う。すっかりいい気持になって、手でもふってやりたいような気分である。こどもの方が、やさしい？

年寄りの自転車はほんとに危ない。自転車は、（みずから）コロブ・クルマであることを知らない人が多い。見よう見まねで乗りはじめて何十年、すこしも進歩しないどころか、勘がにぶくなった分、危険が大きい。

知り合いの書家Tさんは八十を超えてカクシャク元気そのものであった。書道は運動神経をするどくする。年をとると、手のふるえる人がすくなくないが、書家には手のふるえる人がすくない。タバコを吸うのもよくないが、書をやっていると、ヘビー・スモーカーでも、手がふるえたりはしない。そんなことを教えてくれたこともあるTさん、あるとき、自転車でころんで骨折。急速に活力を失ってしまった。

自転車の危険をよく知らなかったのであろう。そもそも、しっかりした訓練を受けずに見よう見まねで乗りはじめたのである。安全な乗り方を知らないで乗っていたのであろう。

親がこどもに教えられることはいろいろあるが、自転車の乗り方は、そのうちでも、もっとも重要なものである。

親は責任をもって、わが子に安全で正しい自転車の乗り方を教える義務がある。本来なら小学校で教えてもよいのだが、自転車のない時代に始まった小学校教育である。そんなしゃれたことができるわけがない。

親に教わり、子に教える

私は田舎で育った。そのころ自転車に乗っている人はすくなかった。乗っているこどもはほとんどなかった。

小学一年のとき、父がクラスで一番になったらホウビに自転車を買ってやると言った。夢のような話である。まわりに自転車をもっているこどもはひとりもいなかった。

首尾よくクラス一番になることができ、父は約束通り子供用の自転車を買ってくれた。値段は十円だった。十円札のことをそのころ、なぜか、イノシシと言ったが、買う前の晩に、父はその十円札を見せた。

乗り方は父が教えた。となりの町の会社へ自転車で通勤していた父は、自転車に自信があったのだろう。さっそうとした指導であった。

「はじめはころぶ。なんどもころぶ。ころんでもたいしたことはない。すぐ、ころばなくなる。ころばずに乗れるようになったものはいない」

といったイミのことを言った。ころんでいいのだ、ころべば乗れるようになるのだ、というのは、幼い頭に、つよい刺激を与えた。ころぶことを不当におそれなくなった。その後に中学で柔道を習ったときにも、受け身というころび方の練習に力を入れた。そのおかげかどうか、この年になるまで、大怪我になるころび方をしたことがない。

こどもの能力は高い。自転車くらい、すこし練習すれば乗れるようになる。しかし、父の指導をありがたいと思った。やはり、父はえらい、と思った。

それから三十年、こちらが、自転車に乗る子の親になった。

昔のこともあるし、進んで教えてやることにした。そして、途方にくれた。昔、教わったことをほとんど覚えていないのだ。ただ、ころぶのが当たり前で、不当に怖れてはいけないということは、しっかり頭にしみついていた。

近くの公園の広場へ行って、特訓をはじめた。

びっくりするほど、こどもが素直である。

すこしずつ進歩していくのを喜ぶのは、親も子も同じである。それが新鮮であった。学校で教えてもらうより、親に教わる方がよい。そう思うようになった。

ことに、〝ころぶ〟ことを怖れない。うまくころび、やがて、ころばなくなる。それが進歩であることを体で覚える意味は小さくない。

水泳を教える

なんでもヒトに教えてもらう。稽古へ通わせる。塾へ行かせる。それが教育熱心な親だと誤解している向きが多いが、親の教えが中心であるべきであろう。

ある教育ママが、幼いときに水泳をさせるのがいいという話をきいて、幼い子をムリヤリにスイミングスクールへ入れた。

その母親は得意になっていたが、当のこどもは興味がなかったらしい。しばらくするとプールへ行きたがらなくなった。泳ぐこと自体をきらうようになって親をあわてさせたという。

うちの子が小学三年になったとき、小学校が水泳を教えはじめた。こちらは、関心がないから、何もいわない。あるとき、「泳げるようになりたい」というひとりごとのようなことばを耳にして、泳げないのを気にしている、これがコンプレックスになってはこまる。学校の先生に、クラス全体を泳げるようにする力がないのなら、うちで教えるしかない。

勤め先に休暇をとって、福井県の小浜《おばま》の海岸で一週間、泳ぐ練習をすることにした。こちらは、田舎で、悪童たちと川遊びをして、いつとはなしに身につけた泳ぎである。どうすればよいかもわからないが、とにかく、一週間すれば泳げるようになる。こどもにもそう言って始めた。
二、三日すると、こどもが中耳炎をおこしたりしたが、一週間をまたずして、泳げるようになった。父親として、こどもがぐっと身近に感じられるようになったのがよかった。やはり、学校の先生にできないことをしたという満足感は大きかった。
体をつかうことにかけては学校という学校はあまり有能ではない。文字や数字を覚えるのだけを勉強だと思っている。家庭という学校としては、そういう知識の教育についてては、ほぼ、学校にまかせておいてよい。実技をともなうことにかけて学校という学校は、昔から、教育らしいことはしてこなかった。

家庭という学校の出番はそこである。親が子に教えることで、親子の絆が強まり、深まることは疑いの余地がない。

手先も大事

手の散歩

健康のためには歩かなくてはいけない。医者がそういうことを言い出して、散歩が流行のようになった。もともと日本人はただぶらぶら歩くのが嫌い、というか、おもしろさを解することもなかった。歩くことをあらわす適当なことばもなく、逍遥《しょうよう》と言ったり、散策と言ったりした。それが急に、散歩、散歩と言って歩き出したのはすこしおかしかった。

万歩計というものができて、みんなつけて、いい気になった。一日、一万歩を目ざした。

私のことは言いたくないが、それまで二十年、せっせと歩いていた私は、意地になって万歩計をつけることをしなかった。そして毎日、一万五千歩くらい歩いたのである。

そして考えた。人間も昔、昔のそのまた昔には、手を使って歩いていたはずである。直立歩行ということを始めて、手は大地からはなれた。足だけで歩く。手は遊んでいて、手もちぶさたになっている。

不自然なことが体によいわけがない。足で歩くことがすくなくて生活習慣病にやられるのであれば、手ぶらで、動かすことが足りなければ、やはり健康に害が生ずるはずである。手にも散歩させないといけない。

そうは思っても、どうすればよいかわからない。考えてみると、ものを食べるときと、字を書くときくらいしか手を動かさない。もっとも歩くとき手を振るのを手のはたらきとすれば大手を振って歩くのはいい運動になる、という理屈を考え、実行した。

友人には、

脚で歩いて一万歩、ペンの散歩は三千字

と書き送って、笑われたりした。

本人は案外マジメで、ほかにもいろいろ手の散歩を考えるようになった。

編みもので命をつなぐ

女性が男ほど散歩をしなくても、それほど生活習慣病にならないらしいのは、どうも、手の運動が多いからであろうと見当をつけた。炊事などでは、ことに手をはたらかせる。昔の人は、たらいで洗濯をしたが、たいへんな散歩をしているようなものであった。

うちの老人は、九十をすぎても、すこぶる元気であった。毎日朝から晩まで編みものをする。できたものを方々へプレゼントして喜ばれていた。一日、坐りっぱなしで、いかにも運動不足であるが、糖尿病のかるいのにかかっていたくらいで、ピンピン、まわりをおどろかせていた。編みもので手の運動をしているのだとわかって、手をはたらかせることの大切さを見せつけられた。

その後、糖尿病が悪化した。やはり、足の散歩が足りなかったのであろう。目が見えなくなって編みものができなくなった。すると急速に衰え出して、あっという間に亡くなってしまった。編みもの、手の散歩で、命をつないでいたことをまわりのものは思い知らされた。

こちらは編みもののまねはできない。それではペンの散歩をしようといたずら心をおこしたのである。やはり効果があるように思われる。

こういうことに、もっと早く気づいていれば、よかった、とはかない後悔をしたこともあるが、年をとってきて、一日、一万歩が難しくなってきても、ペンの散歩の三千字は難なくこなすことができる。

箸と筆を正しく使う

戦後のこどもが、うまく箸が使えない、という話をきいて心を痛めたのは、手の運動不足を心配しただけではなかった。頭のはたらきにかかわる、と思ったからである。日本人は箸を使って食事するが、そのために、どれほど頭のはたらきがよくなり、器用になっているかしれない。

こどもに箸を使わせるのはひと苦労である。戦後のひところ、学校給食で箸の使えない子がたくさんいて、スプーンでカレーライスなどを食べるのだときいて情けない思いをしたが、箸の使えない子はなくなったようである。

ただ、箸のもち方がおかしい。いかにも見苦しいもち方である。かんたんには直らないらしく、いつまでたっても変なもち方が改まらない。

学校で改めようとするのは、おそすぎる。能力の高い、幼いときに、すこし稽古すれば、だれだってまっとうなもち方ができるようになる。これは、家庭という学校で教えられるもっとも大きなことのひとつである。

箸で豆をつまみ上げられるようになったらホウビをやってもいい。

箸がしっかりもてる子は、鉛筆やボールペンも、うまくもつことができるようになる。変なもち方をしている子は箸のもち方もおかしいことが多い。勉強の成績にもよくない。

鉛筆のもち方なんか大したことはない、というのも、間違っているように思われる。正しいもち方のできる子の頭は、それだけ、よくはたらくとしてよい。頭をよくすることができると思えば、たかが箸のもち方くらいなどと言っていられないだろう。年をとると、たいていの人が、きたない字をかくようになる。読みにくい。崩れている。やはり、頭が悪くなっているのであろう。

筆で文字を書くのは、たいへんなエネルギーが必要であるらしい。手の散歩どころではない。

書家は年をとっても字が乱れたりすることはない。だいいち、書家は昔から長寿である。緊張して文字を書くのが健康にもよいのであろう。

たいていの人が、年寄りになると、手が衰える。タバコを吸う人は手がふるえるようになる。ところが書家には、前にも書いたことだが、手のふるえがすくないと言われる。ヘビー・スモーカーのある書家が、手がふるえては、筆の字は書けない、と笑った。

筆は一本、箸は二本。

うまく箸を使うことができれば、健康にもいい。そう思えば、変な箸のもち方をしないようにするのは、たいへん大きな教育であることが納得される。

Ⅳ 経験こそが大事

五銭のレントゲン

大事に育てられた人はだまされやすい

振り込め詐欺がいつまでたってもなくならない。それどころか、やられる金額がだんだん大きくなってきた。何百万というのにおどろいていると、二千万もやられたケースもある。どうしてひっかかるのか、ひとごとながら歯がゆい。

うちへそういう電話がかかってきたら、なんと言って、撃退してやろうか。ヒマなとき、そんな空想をすることもあるが、あいにくのことに、かかってきたことがない。

金融商品の電話なら、ときどきかかってくる。たいていは、「カネの話は電話でしないことにしていますので……」といって、切ってしまう。

それでもしつこくねばるのもいる。〝もうかる〟と言ってはいけないことになっているらしく、そうは言わないが、スレスレのすすめ方をする。おもしろ半分、からかってやる。

「ボクなら、そんなウマイ話、見ず知らずの人間に教えたりしない、コッソリ自分でもうけますが……」

チェッという相手の声がきこえたりする。電話でセールスがしたかったら、もうすこし考えないといけない。振り込め詐欺の電話の方が進んでいるのかもしれない。セールス電話はうまく切り抜けているくせに、振り込めにはマンマとやられるらしい。

人にだまされないようにするのは、たいへんなことで、たとえば、親が子に教えることの中に入っていない。いい家庭で大事に育てられた人は、概して、だまされやすい。痛い目にあったことがないから、甘いところがある。それをつかれる。

だいたい、人を疑うのはよくないことである。人を悪人と考えるのもよろしくない。〝人を見たら泥棒と思え〟などというのは、下等である。まっとうな人間は、〝渡る世間に鬼はない〟と考える。

世にうごめく、大悪、小悪はにんまりホクソ笑んでいるかもしれない。

小学一年生の体験

私自身、世の中には、ひどいのがいる、ということを幼いこどものときに知って、疑うべきは疑い、にくむべきはにくむことを教わった。

戦前のこどもは、多く小遣《こづかい》をもらわなかった。貧しかったからであろうが、こどもが自分で買うものがなかったかもしれない。

例外はお祭りや縁日である。小遣をもらう。五銭も貰えば大喜びをした。十銭ももっているこどもはすくなかったかもしれない。

小学一年のとき、お寺の縁日に五銭もらった。境内に出店がテントなどを張って、いろいろなものを売っている。

食べものが多かった。綿菓子とかニッキあめとか、金平糖のかけらみたいなものが人気であった。

私は、せっかくもらった五銭を、そんなものに使いたくないと思っていた。〝役に立つ〟ものを買いたいと方々歩きまわる。

一角に、こどもがたくさん集まっているところがある。なんだろう、とのぞいてみると、おじさんが大声でさけんでいる。

「これからは学問の時代！　学問をするにはレントゲンというものがなくてはならない。そのレントゲンをもってきた。ためしてみよう」

といって、前列でしゃがんでいるこどもたちに、筒のようなものをのぞかせて、

「どうだ、エビのホネが見えるだろ？」

のぞいた子がコックリうなずく。となりの子ものぞかせてもらって、やはり感心している様子。これはすごいキカイに違いない。

これにしよう。これなら大きくなっても役に立つ……そう思った。しかしもし高かったらどうしよう。五銭しかもっていないし……そのときおじさんが声をはり上げて

「このレントゲンが、なんと五銭！」

とさけんだ。よかった、買える。運がよかったなどと思って帰る。

インチキがあると教えてくれた

うちへ帰って、ネコの骨を見ようとする。どうもすこしおかしい。自分のユビの骨とまったく同じにボーッと見えるのである。ニワトリをおさえて、レントゲンで見ると、これもネコの骨と同じである。

ここでやっと、だまされた、とわかる。そのころのこどももインチキということばは知っていて、このレントゲンはインチキであるときめた。

猛烈にハラが立った。それまで知らなかった怒りのようなものがこみ上げてきた。あのじいさんが許せないように思われたが、いまごろはどこかに消えてしまっている。文句のつけようもない。あとの祭り。

どうしようもない不快感をこどもながらも何日もかかえて、くさくさしていた。父や母に言えば、叱られるにきまっている。ひとりで我慢するほかないのである。毎日が闇のようで、太陽が出ているのも知らないくらいのショックである。

両親、ことに母に気取られず、なにも言われなかったのは救いであった。知って知らぬふりをしていたのかもしれない。ありがたかった。

それにつけてもあのインチキじいさんがにくい、幼い子をカモにして、こういう商売をするのは許せないとこだわった。

この口惜しさは、いつまでも消えず、思い出すたびに、ハラを立て、口惜しがった。なにがきっかけであったか覚えていないが、気が変わった。ダマされたのはしゃくにさわるが、世の中に、だます人、インチキがあるということを教えてくれたのも五銭のレントゲンである。それで、どれくらい用心深くなったかしれない。もともと、おっちょこちょいで軽はずみなことをするが、大事なときには立ち止まって考えるようになったのは、あのじいさんのおかげである。そんな風に考えるようになり、じいさんをにくむのをやめた。

次の項でも紹介するが「経験は最高の教師である。ただし、月謝が高い」（カーライル）ということばがある。痛い経験がタメになるというわけだが、五銭ではいかにも安い。

こどもには小遣を

戦後、こどもに小遣を与える家庭がふえたのは、いいことだと思っている。こまかい干渉をしないで、こどもの自由にさせておくのが望ましい。こどもだから、失敗するにきまっている。失敗は好ましくないが、それで大損をまぬかれることができれば、失敗はりっぱな教訓になる。

実際、幼くして、小遣をもらう子は成人してからも、金の使い方がうまいことが多いようである。

かげに、失敗があるのであろう。

「みかんとらせて」

「経験をさせたい」

玄関のチャイムを鳴らして、若い女の人が入ってきた。きれいな人である。幼い子を抱いている。なんだろう？　と思っていると、

「お庭のみかん、とらせて頂けませんか。この子に、みかんをとる経験をさせたいと思いまして……」

と、とんでもないことを言う。見ず知らずの家へとび込んできて、庭のみかんをとらせよ、なんて、よくも言ったものだ。とっさにハラが立って、

「おことわりします」

ということばが口をついて出た。

「うちでも大事にして、とらずに毎日、ながめているのです。とらせてあげることはできません……」

そういうと、うらめしそうな目付きで、乱暴に出ていった。こちらは、なおも気がおさまらない。

かつては、こんなことを言う母親は考えることもできなかった。よそのものをとって、なにが経験になるのか。考えたこともないのだろう。

こどもの成長には経験が必要であるという知識をどこかで頭に入れた。それを生かすチャンスがあらわれた。さっそく実行してみようと思ったのであろうか。

こういう知識を日常生活で得るわけがない。本か教室で学んだことだろう。ただの知識にしておかないで、さっそく実践しないのはいけないと思うのか。そうでなければ、まるで縁のない家へとび込んで、みかんをとらせて、などと言うのは、普通の人にはとても口にできないことである。

役立つのはつらい経験

「経験は最高の教師である」ということばがある。イギリスの哲人として知られたトマス・カーライルの言ったことになっている。さきの若い母親もその流れの教育を受けついでいるのであろう。昔の母親は子育てに、経験などということばのあることを知らなかった。

ヒトは、知識で成長するのではない。日々の生活をしていておのずから身につく経験というものに導かれ、道から外れることなく生きていくことができる。もの言わぬ経験がもっともすぐれた教育になる。それはたしかに、ひとつの発見である。

学校らしいものもない時代、教師といわれる人も身近にいないとき、目に見えない経験が、大事なことを教えてくれるという考えは貴重であった。

なんでも経験すればよいように考えるのは誤解であるが、それに気づくのは容易ではない。なんでも経験すればよいように勘違いする人があらわれる。「みかんとらせて」のお母さんもそのひとりである。

みかんをとるのも経験でないことはないが、おもしろい経験である。おもしろい、愉快なことは経験とはなりにくい。のちのちモノを言うのは、ありがたくない経験である。

さきのカーライルのことば「経験は最高の教師である」にも、ただし書きがついている。いわく、「ただし、月謝が高い」。

ということは、つらい思いをするような経験でないとわれわれを育ててくれる力にならない、というのである。

よその家のみかんをとらせてもらうのは、すこしも苦労でない。おもしろいことであるが、そういう経験は、役に立たない。

あっさり断わられたのは月謝の高い教師である。お母さんは、それによってすこし賢くなることができた。こどもは、幼すぎて、それもわからない。

経験は早いほどよい

わからないと言えば、われわれは一生かけても、経験というもののありがたさがわからずに終わるかもしれない。不幸にして災難、不幸にあった人が、経験から学ぶことができる。人生の皮肉である。

生きてゆくのに役立つ経験は当然のことながら、早いほどよい。年をとってからでは害をおよぼすことになるかもしれない。〝経験は最高の教師〟というのは、月謝が高い、つまり、つらい、ありがたくない経験だと言っているのだが、する人の年齢には言及しない。月謝を払うのは若いうちだ、というのであろう。

日本には、古くから〝若いときの苦労は買ってもせよ〟ということばがある。苦労は月謝の高い経験である。それは若いうちにしておいた方がよい。苦労がなければ、買ってもせよ、というところがおもしろい。

学校教育が普及して、知識が多くなると、こういう昔のことばは、消えるともなく消える。失うものは小さくない。

かわいい子の旅

安全すぎる危険

東京の女子学生がお母さんに言う。

「ねえー、かわいい子には旅をさせよ、と言うでしょう?」

「そうね」

「わたし、北海道旅行したいのよ、おカネちょうだい」

といって、友だちと北海道へ遊びに行った。

親も子も、ものを知らないのである。かわいい子には旅をさせよ、というのは昔のはなし。乗りものもないし、道中物騒で、思わぬ災難もふりかかる心配がある。できれば、旅などに出たくないころに生まれたのがこのことわざである。

飛行機でとんで行って、ホテルにとまってぜいたくをするのを〝旅〟と思っている人にこのことわざを口にする資格はない。

〝かわいい子には旅をさせよ〟というのは〝若いときの苦労は買ってもせよ〟に通じる知恵である。知識はあるが、知恵の乏しいいまの時代において、通用しなくても是非もないだろう。

いまは豊かで便利、安全な世の中である。こども、若い人に、苦しいこと、つらいこと、危ないことを経験する場がすくない。

家庭は世の中以上に、安全である。危ないことは用心深く避けてある。つらいことをさせないのが愛情だと思って、「ハコ入りこども」を育てて、したり顔である。

いまのこどもは安全である。それは結構だが、安全すぎるのは危険であるという困ったことに気づきにくい。

学校では、いじめ、がある。かつてのこどもは、いじめをいじめと思わなかった。いじめだと思っても、それに耐えた。安全にかわいがられて育てた〝ハコ入りこども〟は、悪への免疫ができていないから、ちょっとしたことでもたいへんな害を受け苦しむのである。

いじめはいま、全国の小中学などで大流行しているが、学校側は打つ手がなくて苦しんでいる。家庭という学校ですこしきたえておいてもらえば、どんなに助かるかしれない。

そうは思っても、はっきり口に出して言えない空気があって、みんなが苦しむことになるのである。

かわいい子には転校させよ

その気になれば、いまの時代でも、こどもにつらい経験をさせることはできる。

いまはサラリーマン社会である。サラリーマンには、転勤がある。これが、家庭の目のカタキにされる。こどもの学校がある、転校なんてかわいそうなことができますか、成績も下がるというし、友だちもなくなっていじめにもあう。こどもをそんな目にあわせられますか、私は、こどもとここに残ります……というので父親の単身赴任となるのである。

転校がつらいのは事実である。おもしろくないこともおこるし、成績も足ぶみすることが多い。新しい友だちができるまで学校はおもしろくないのは、当然だろう。

転校生を受け入れる学校、教師に、うまく融和させるノウハウがない。経験も乏しいからである。アメリカへこどもをつれていった日本人の親たちが、アメリカの教師が実にうまく、転入生をクラスにとけこませるかにおどろく。日本の学校は、その点でだいぶ後れている。

しかし、後れているからこそ、日本の転校は教育的価値が大きいと考えることもできる。転校のつらい経験で、こどもは、たくましくつよくなるのである。小学校で二度も転校した児童は、相当な苦労をしていてハコ入りこどもの比ではなくなる。人生の勝者になることもできる。

かわいい子には転校させる。

そう言ってもよい。単身赴任は、親、とくに父親に貴重な経験になるが、こどもの経験にはなるべくもない。

アルバイトはよい刺戟

戦後、大学へ進学するものがふえて、地方から都会の大学に入学するものが多くなった。大学では、学生寮をこしらえ、それを迎えたが、自治寮は〝活動家〟の拠点になったりして問題をおこした。

寮に入らないものは下宿した。戦前はたくさん下宿があったが、戦後は急速にすくなくなった。学生の面倒を見る〝おばさん〟がいなくなったのである。

下宿はそのおばさんでもっていたのだ。しっかりしたおばさんが多く、学生をやんわりしつける。学生もおばさんに一目おくようになって、母親の言うことより下宿のおばさんのちょっとした注意の方が、ずっとこたえることもある。中には、親以上の面倒を見てくれる下宿もあって、卒業してからも訪ねるものもすくなくなかった。

一部の大企業が採用の条件の中に、下宿歴(?)を入れるところがあったという。しっかりした下宿に何年もいれば、かなりの人生経験をする。大学の寮であばれている連中よりどれだけましかわからない、というのである。

いい下宿のおばさんがすくなくなったのと、ハコ入りこどもがふえたこともあって、下宿という教育機関(?)がすくなくなった。惜しい気がする。

いまさら下宿を復活させようとしても、おばさんがいないから、どうしようもない。大学出では下宿のおばさんになれない。すくなくとも、下宿人の人間性を育てることはできないだろう。

しかし、よくしたもので、下宿に代わるものがあらわれた。アルバイト。

一日に何時間も、はたらく。収入を学資に充てている学生もあって、みんな、まじめに働いている。そのために勉強の時間がすくなくなるわけだが、勉強の手を抜いたりはしない。

なにより、いろいろな人たちに多く触れるのがいい。ハコ入りこどもは経験の範囲がせまく、世間知らずになる。カネのために働くのは遊びごとではない。へたに仕事をしくじれば人生が狂ってしまう。知らず知らずのうちに、人間がきたえられる。アルバイトは学業の妨げになるどころか、いい刺戟になる。

人のために働くという点では、ボランティアも人間修業になるが、アルバイトに比べると、遊びの要素がまじることもある。ボランティアで人間を磨くことは容易ではない。もちろん、脇目もふらず災害復興に汗を流すボランティアもあって、そういう人たちの努力は新しい人間をつくると言ってよい。

他人にまじって生活することがつらい、苦しい経験になるのである。ハコ入りこどもにとって家庭はもっともあぶない環境ということになる。ことに少子化の家庭においてそうである。

ハコ入りは出さねばならない

こどもが多くても、家庭というところは人間経験を豊かにするのにあまり適していない。甘く育てやすい。他人への思いやりといったことがわからない。

戦前のことである。

どこの村でも、金持ちのドラ息子といわれる若者がいた。家は村、一、二の金持ちである。そこでこどもは我がまま放題に育つ。

乱暴で威張っている。人に会ってもロクに挨拶もしない若者に対して、まわりの人は、〝軍隊へ行ってくれば、まっとうになるさ〟などと陰口をきいたものだ。

実際、軍隊で二年すごして帰ってくると、ドラ息子が一人前の人間になっているのである。人々は「軍隊はありがたいね。人間をきたえてくれる」と言ったのである。

軍隊がいいわけではない。集団生活で自分勝手なことを改めさせられるのがいいのである。

金持ちの子は、昔から、ハコ入りこどもの悪いところを多くもって育つ。それを矯正するのに軍隊は意外に大きなことを知っていたのである。

もちろん、軍隊を復活せよ、などと言っているのではない。ハコ入りこどもがまっとうに育つには、ハコから出さなくてはならないというのである。

家庭という学校は、どうしても、苦労知らずのお人よし、ひとのことは考えない自分勝手な人間が育ちやすい。おもしろくなくても、このことを認めて、その悪いところをすくなくすることは、大きな問題である。

ただ、子だくさん社会では、それが突出することはなかった。豊かな家庭がふえて、しっかりした子がすくなくなるというのは皮肉である。

少子化が進み、きょうだいのない子が多くなるにつれて、ハコ入りこどもの存在はやっかいな問題になってきた。

それを見すごしているのは、思慮の不足と言わなくてはならない。〝かわいい子の旅〟の意味がわからなくなっているのは、象徴的である。

安全志向

小中高一貫のトコロテン教育

東京都が二〇二二年度から、小中高一貫の教育を始めることをきめた。かなり大きな反響を呼んでいる。

東京都は、グローバル人材の育成を目ざすとしているのだが、一般には、入試を二回へらすことのできるコースとして関心をもたれている。一貫校とは、入試をなくして上級学校へ進むコースのことで、かつては、教員養成大学などにのみ存在した。

戦前は、一貫教育は例外的で、旧師範学校にも、小中一貫の付属学校はなく、旧高等師範学校だけが小中一貫の付属学校をもっていた。戦後の学制変更で、それが、小中高一貫になり人気のあるコースとなったのである。

その後、私立大学が生徒、学生を確保する目的の付属中高一貫校を競ってつくる。東京都も、中高一貫校をつくって、おそまきながら、エリート教育を始めた。

それがこんどは、小学校を含めて、十二年の教育が可能になる、というのである。世論の動向ははっきりしないが、こどもをもつ家庭は歓迎している。実現は確実であろう。一貫教育の要望は少子化が進むにつれて、いよいよ強まっている。

グローバル人材の養成などというのは表向きの看板で、一般家庭には、入試が一度で高校まで進むことができるのが魅力である。

入学試験があれば、かならず、不合格者が出る。いい学校なら、合格者より不合格者の方が多い。かわいいわが子に、失敗させたくないというのは、親心として自然である。小中高一貫校なら、危険は大きく減る。一貫教育はいい教育であると考える人が多いのは不思議ではない。

親心は、危険をおそれる。こどもがたくましく育つには危険を経験させることが必要であるということにはあえて目をつむる。

昔の人たちは、一貫教育に対して、今とは違った見方をしていた。入試を経ないで上級校へ進むのを、〝トコロテン式〟といってからかったりもしたのである。トコロテンはあとのものに押し出されて出る。一貫教育はそれに似ているというのである。一貫教育を求める家庭がふえるにつれて、〝トコロテン教育〟などといったことばも姿を消した。

かつての一貫教育を受けたこどもは、成績もいいが、なにより、おっとりとしている。点とり競争ではない優等生タイプが多くなる。それをかつての社会はきびしく見て、トコロテン教育などと言ったのである。

失敗、不成功の経験が大切

家庭が、かつてより豊かになり、他方で少子化が進むと、親たちはこどもを危険な目にあわせたくないと願う気持をつよめる。

すくなく産んで大事に育てる――がモットーのようになると、大事に育てるとは、失敗を怖れ、できることなら避けたいと考えるのは自然である。一貫教育を歓迎する背後には、その気持がつよくはたらいている。

危ないことは避け、失敗しないように安全なコースを選ぶのは、もちろん、誤りではない。しかし、人間にとって、失敗、不成功の経験はきわめて大切である。しっかりした人間になるには、幼少、青年期に、失敗、挫折の痛い目にあうことが必要であることも忘れてはならない。

かわいそうな環境で苦労した子が、恵まれた育ち方をしたものよりも、大きな人間力をもつことがすくなくないのは、マイナス経験のおかげである。

入学試験は、こどもにとって、もっとも身近な危険である。落ちれば、こどもなりに痛切な思いをする。まわりが、なるべくその危険をさけようとするのは、自然、妥当である。

変化は危険をともなうことが多いだけに、安全志向から目のかたきにされる。転校もそのひとつである。新しい学校へ移れば、とけ込むまでに、それなりのつらい目にあうのが普通である。

こどもは適応性が高いから、たいていのこどもは、間もなく新しい仲間と共生することを覚える。こども思いの親は、それが好ましくないとして、転校を嫌って、父親の単身赴任というのが多くなった。いかにもこども思いのようだが、あえて転校させるのも親の愛情であるという考えもあることには思い及ばない。

そうかといって、ヤミクモにこどもを危険な目にあわせたり、失敗させたりするのはあり得ないことである。豊かで恵まれた環境ほど、失敗、挫折はすくなくなる道理である。そして、そのために、実力を発揮できないケースも多くなることから目をそらしてはならないだろう。

連作障害を防ぐ知恵

同じような仲間と、小中高の一貫教育を受けるのは、決して、普通考えられているように、すばらしいことではない。そういうことを考えるのが知性である。

農業で連作障害ということを言う。

同じ畑で、毎年、同じ作物を育てると、だんだん収穫がへってくることを言うのである。いろいろの作物を育てるとそういう害はおこらない。

人間は農作物とは違う。かんたんに連作障害はおこらないであろうが、十二年もの間、似たような仲間といっしょに生きていれば、おもしろくないことがおこっても不思議ではない。

入試がこわい、いやだ、危険だからといって、育ちざかりのこどもを同じような環境の中で長く育てていれば、プラスよりマイナスの方が大きくなるのではないかと考えるのが、知恵である。

現代はその知恵が不足しているのかもしれない。連作障害も考えず、危険な入試をさけられることを喜ぶのが大勢になりつつあるのであろうか。

獅子はわが子を千仞《せんじん》の谷に落とす、という。大きな危険によって強さを身につけさせたいのである。人間がそれに及ばないとしたら、すこしでなく淋しい。

育ての親

保育所が育ての親

名前こそなかったが、家庭という学校は、大昔からあった。すべてのこどもが、家庭で育つものと考えられていた。それで、家とか家庭とかは言っても、家庭という学校などとは言わなかったのである。

生みの親が当然のこととして育ての親になった。両者を区別して考えるのは普通ではなかった。

戦後しばらくして、事情が変わった。

女性の高学歴化が男子をしのぐようになった。大学へ入る女子が男子より多くなった。かつてはだれも想像しなかったことが、現実になったのである。

せっかく勉強したのだから、社会へ出て仕事がしたい。女性の社会進出は急速にひろがった。

結婚すれば仕事をやめるという常識は消えて、こどもができても仕事をつづける人がどんどんふえた。

社会がそれを受け入れたから、家庭という学校が危うくなった。先生のいない学校は存在しない。父親はもともと、子育ての頼りにならない。生まれてくる子に、生みの親はあるが、育ててくれる親、育ての親がない、という新しい事態になった。

受け皿は保育所である。保育所が育ての親になって、生みの親と育ての親が別々になるということになる。

家庭という学校にとって一大事どころか存亡の危機であるが、人間は、子育てを大切にしないのであろうか。大変だ、という声をあげる人がほとんどなかった。

生まれてくる子には、そんなことはわからないが、わかったら、さぞやおどろいたことであろう。

私などは、そういう声なきこどもの声をききとって、家庭という学校の意義を考え、その大切さを力説することをしてきた。ほとんど反響はなく、世間は保育所に入れない待機児童のことでさわいできた。生まれてくるこどもが、いかにもかわいそうだと思っている。

昔から認められていた育ての親

それから二十年、近ごろは、すこし考えが変わってきた。

生みの親と育ての親が違っていても、それほど、大きな害はないのかもしれない。場合によっては、生みの親よりすぐれた子育てをする育ての親が存在するかもしれない、と考えはじめたのである。

保育所、けっこう。託児所もわるくない。個人で、よその子を預かって育てる経験のある中高年女性がもっとふえるのが、こどものためになるのではないか。そう思うようになったのである。

かつてのように、保育所を冷たい目では見ない、育ての親としての役割を果たす保育所の存在は貴重だと思う。厚生労働省ではなく、文部科学省の管轄にしてもらいたいとも考えたりする。

そう言えば、昔から、生みの親と育ての親が分かれていたのが思い合わせられる。かつての上流、有力者の家庭では、こどもに専任の女性をかかえた。乳母、めのと、と言われることもあるが、つまり、育ての親として、こどもの養育に当たる。

こどもの育成に関しては、生みの親も口を出すことができないほどの力を与えられていた。

ただ、費用がかかるから、一般庶民がまねるというわけにはいかない。貴族、富豪、上流にしか許されないぜいたくな子育てである。

経済的負担は小さくないが、育ての親は、生みの親よりすぐれた子育てができるということを昔の人は認めていたのである。

日本だけのことでなくヨーロッパでも、同じような育ての親が、やはり、上流、貴族の間に広く見られた。

生みの親がいるのに、わざわざ、外から育ての親を招き入れるのは、それなりの理由があってのことに違いない。つまり、生みの親ではうまくできないことを、他人の育ての親はすることができるというところが認められていたのであろう。

それはわかっていても、財力のない一般家庭には真似ることができない。

こどもが歩けるようになること、学校をこしらえ、そこで教育するようになったが、それを育ての親の変形であると見ることもできる。

学校ができると、自分の手でこどもの知識教育をする家庭はすくなくなる。

子育ては、生みの親では限界があることを暗示しているようでもある。

生みの親と育ての親と別であるのは、普通に考えられているほどに異常なことではなく、むしろ、望ましい形であるともいうことができる。

なぜ、生みの親があるのに、他人の育ての親を入れるのか。どうして、他人の子育てが、肉親の育児よりよい結果をもたらすことがあるのか。歴史は考えなかったのである。そして、なんとなく、生みの親が育ての親であることが自然で、こどものためでもあるという通念ができたのである。

新しい育ての親の覚悟

育ての親になることを望まない生みの親があらわれている状況において考えると、生みの親にも弱いところがあることがわかる。

まず、愛情過多。

おなかを痛めた子である。かわいくて当然である。かわいがる。かわいがるのは親の満足にはつながるけれども、自己本位で、こどものことを忘れることがすくなくない。

甘やかす。溺愛《できあい》になるおそれもある。それを自制するのはかなりの精神力が必要である。どうしても、甘やかすことになる。

それに、子育ての経験も充分でない。ことにはじめての子の育て方が難しい。かつては年寄りがいて、何くれとなくコーチしてくれたが、核家族であれば、年長者の知恵を借りるのも困難である。良心的な母親がノイローゼになってもおかしくない。

ことに第一子がむずかしい。親は経験がない。まわりにこどもの影もない。〝ハコ入りこども〟として育てられる。かつて、〝総領の甚六〟とひどいことを言ったが、少子化の家庭という学校では、甚六が多くなってもおどろくに当たらない。ハコから出して、ほかの子といっしょに遊ぶようにすることが欠かせない。

保育所を育ての親の場所だと考えれば、こういう家庭という学校の悩みはなくなるだろう。

保育所のよいところは同じような年のこどもがまわりにいることである。知らず知らずのうちに、こども心を育むことができる。

他者を実感する。社会性の芽も育まれる。すばらしい育ての場、ということになる。

いまのところ、保育所に、育ての親としてのしっかりした覚悟があるわけではないが、それは、当然のことである。

これからは、新しく育ての親としてこどもを育てるには、保育所は教育の基本について多少の教養を身につけることが望ましい。

そうすれば、保育所はすばらしい学校になることができる。

家庭という学校は、うっかりしていれば、保育所に負けてしまう。かけがえのないわが子のために、新しい育ての親となる覚悟が求められる。

Ⓥ子育てで難しいこと

朝飯前

かつて人間は夜型だった？

人間には二つのタイプがあるように思われる。朝型と夜型。朝、早く目がさめる。すぐ活動的になるのが朝型である。朝はさっぱり元気がないが、夜にはつよい、おそくなって仕事をしたり遊んだりするのが夜型である。

もともと、朝型の方が多かったようであるが、テレビがあらわれて、夜が長くなったこともあり、いまは、夜型の方がずっと多いようである。

夜型は朝型に劣るように思っている人が多いけれども、人間はもともと夜型だったのかもしれない。

よくはわからないが、もともとは、一日は、朝からでなく、午後、夕方から始まっていたらしくもある。夕方、月の出るころに一日が始まるという時代の名残をとどめているのが、夜型だということになる。

「夕べ」には、きのうの夜という意味と、きょうの夕方、夜、という二つの意味がある。どうしてそんなおかしなことになったのか。夜中に日付が変わる時代におこったことである。もともとは、夕方、夜の意味であったのが、夜中に日付が変わるようになると、今夜のことであった夕べが、きのうの夜になってしまうのである。一日が夕方に始まり、朝、ひるとなるものとすれば、夕べが二つに裂かれるようなる。

英語でも似たようなことがおこっている。

to-night（今晩、もとの意味はただの夜）と to-morrow（明日、もとの意味はただ〝朝〟）とは同じ日であった。夜（tonigh）から始まって朝（tomorrow）になるのが昔の暦法であった。それが、夜中に日付が変わることになって、夜の方は、今夜になり、朝の方は、明日のことになった。もともとは一日であったのが、二日にまたがるようになった。

一日が夜にはじまり午後に終わるとするのが月齢をもとにした太陰暦の考えであるとするならば、一日は朝から始まり夜に終わるというのは太陽暦的である、と言うことができる。

クリスマスを例にとってみると、もともとは、十二月二十四日の夕方から始まっていて、翌日のひるごろまでであったと考えられる。いまは、クリスマス・イヴ（前夜祭）などといっているが、本来は、クリスマスだったのである。そのために、二十五日の夕方には、クリスマスは終わってしまっている。

宵っぱりの朝寝坊は太陰暦人間だということであり、早寝、早起きは太陽暦タイプということになる。いまの世の中は、太陽暦で動くようになって久しいが、人間は保守的なのであろう、日常生活では、太陰暦の夜型の方がなお多いようである。

〝朝飯前〟の本来の意味

もっとも、いち早く、朝型になった人たちもいて、〝朝飯前の仕事〟ということばをこしらえた。いまの時代、意味がわからなくなったようで、辞書も、朝飯前に「朝の食事をする前、〝そんなことは朝飯前だ〟（＝朝食前に出来るほど「簡単だ」）と説明している。

もとの意味はすこし違っていたはずである。朝は頭がよくはたらく、ことに食事前はよくはたらく。面倒なことでも、さっさと片付くというのが元のイミだったはずである。

頭のはたらきは、朝が一日のうちでもっともいい、というのは、昔から広く知られていたことらしい。

イギリスの有名な小説家ウォルター・スコットも、朝の信者のひとりだった。仲間たちと厄介な問題を議論していて、どうにもうまい解決が見出せないとき、スコットは、いつもきまって言ったそうである。

「いやなに、朝になれば、自然にうまく決着するさ……」

そしてその通りになったから、エピソードとして伝わるまでになった。朝の方が頭のはたらきがいいことを信じていたのである。

われわれだって、似たことはある。夜どうしてもうまくいかないことがあり、半ばあきらめて寝る。朝、起きて、もう一度考えると、苦もなく解決するということがある。やはり、朝の方が頭がいいのである。朝飯前の仕事がすらすらはこぶのは、すこしも不思議ではない。

ところが、生活において、朝のよさを認めるのは容易ではない。朝飯前の仕事の意味が微妙にくずれてしまうのは是非もない。

古くから、勉強するのは夜ときめていたようである。電気のない時代でもそうである。「蛍の光」「窓の雪」のうすあかりによって本を読んだらしい。朝の勉強をする人はすくなかったのである。

電灯で夜が長くなり、夜学はいっそうはげしくなった。徹夜で仕事をするのが、ほめたたえられたりする。

こどもを早起きさせる方法

ところで、近代教育は朝型人間を想定して始まった。朝から午後までの授業が中心である。夜学は特別である。朝飯前とはいかないが、朝のうちの学習は、能率がよいはずである。

夜型、というか、夜、おそくまで起きていると、朝、目がさめない。起きても眠気がぬけずぼんやりしている。

そんな状態で授業を受けても、頭に入るわけがない。すこしすっきりするころには昼の食事になる。

食事をしたあとは、休まないと、健康にもよくない。ひる休みだけでは足りないから、午後の授業で、睡魔におそわれる。ボンヤリしているうちに授業は終わり、となる。こういうことをつづけていれば、学力のつかないのは当然。

アメリカの研究だというのだが、若いときの人間には、睡眠ホルモンのようなものがはたらいていて、早起きができない、という。それとは別に、年をとるとだんだん早起きになるのも事実である。老人には朝飯前の仕事が適しているが、あいにく、することがない。

こどもを育てる家庭という学校では、なるべく早起きの習慣をつけるのが賢明である。はじめはすこしつらくても、慣れてしまえばなんでもない。そのうちに、早起きしないと、気持がわるくなるかもしれない。

頭をつかうことをするのには、腹に食べものがあるのは好ましくない。食後は、ゆったりひと休みする。そうだとすると、朝飯前の勉強などするには、かなりの早起きが必要になるだろう。

こどもに早起きさせたかったら、親が早起きするほかない。

昔のこどもは、朝起きると、もう、朝ご飯ができていた。口には出さぬが、親のありがたさを思ったものである。戦後、親が寝坊になって、こどもの朝食がつくれないのがめずらしくなくなった。

親子そろって朝寝坊、というのも、ホホエマシイが、早寝早起きの生活に比べて、どこか力づよさに欠けるのではあるまいか。

早起きが人生を豊かにするのはたしかなようで、こどものときに、その習慣をつけられればすばらしい。

イギリスのある詩人が、昔、こんな詩をのこしている。

朝は考え
ひるは働き
夕べは食し
夜は寝るべし

家庭という学校では、こうはいかないだろうが、その心は汲みとりたい。

叱る・ホメる

すこしくらいのことは目をつむる

子育てで難しいのは、叱り方である。

どういうことを叱るのか。どういう風に注意するのか。わかっている人はほとんどないだろう。とっさに、出まかせのことばで叱る。叱ることを、オコルという言い方があるが、感情的になっていることが多い。

そんなことを教えてくれる人は、いない。核家族では、叱り方が難しいことを知らないで子育てをしているのが普通である。叱るのはいやだ。悪いことをしても知らん顔をしている。それが自由教育だと思っている人さえある。

学校の先生も同じで、叱り方がわからないから、見て見ないふりをしたり、感情的になって責めるのを叱ることだと思っている教師がけっこういる。教師に自信がないこともある。叱り方がわからないのを認めたくないこともある。なるべく叱らないようにするのがやさしい教師のように錯覚している人もすくなくない。

こどもは、きたないことが平気である。親は我慢がならない。キタナイ！　キタナイ！　とさけぶ。こどもはなぜ、親が大声を出して怒っているのか、よくわからないから、心が傷つくのである。それをくりかえしていると、反感をいだいたりするかもしれない。

こどもを大人の尺度ではかるのは間違っている。大人が清潔にするのは結構であるが、こどもを清潔にしようとあせるのはよろしくない。すこしくらいのことには目をつむる。

きょうだいゲンカも大事

アメリカの話である。石鹸が普及して一般の家庭が清潔になった。それはめでたいのだが、困ったことに、それまであまりなかったポリオにやられる子が急増したというのである。

ある程度の不潔は必要？　なのかもしれない。完全無菌というのは実際には存在しないが、たいへん危険であるかもしれない。

こどもがきたなくするからと言って、いちいち、声を荒らげているのは自然に反することかもしれない。そう考えるのが近代知性である。

このごろのこどもが、きょうだいがなかったり、すくなかったりで、きょうだいゲンカができない。きょうだいゲンカを知らずに大きくなる子が、かつては例外的だったが、いまはゴロゴロしている。

そういう子はケンカしたくても、ケンカができない。それで、イジメみたいなことをする。幼いときに適当にケンカをしていれば学校へ入ってから、弱いものいじめなんか恥ずかしくてできない。

ひとりっ子では、ウチではケンカもできない。ケンカなんかできなくて結構。そういう親がいくらでもいるが、たいへんな誤解である。

ケンカはいやなものである。しかし、ケンカの毒はほうっておいては消えない。ケンカすることで発散させる必要がある。その相手がいない少子家庭では、親が代わりをすることもできる。

赤ん坊では話にならないが、モノ心つくころには、叱る、ケンカの相手をするのである。叱るより、ケンカする方がやさしい。感情的になるが、それも認める。こどもはときに大きく心が傷つくかもしれないが、その傷はすぐ治る。そして、キズあとはいろいろ有効にはたらく。経験をひろげる。

よくホメる親はよく育てる

叱るのもやさしくはないが、ホメるのはもっと難しい。わが子をうまくホメることができたら、賢人であると言ってよいだろう。しかし、こどもは、ホメられて、大きくのびるのである。叱られると、心の芽を折られるが、ホメられると、びっくりするほど伸長する。

昔の人が、〝三つ叱って五つホメる〟と言ったが、すこし無理である。叱るのは三つばかりではないし、五つもホメることなどまずありえないといってよい。五つ叱って、ひとつホメる。これだって容易ではない。

近きものは近きものを動かすことができない――のが人間である。親子は近すぎるから学校の先生のようには子を育てることができないのである。学校では、こどものよいところを見つけて伸ばすいい先生が、ウチへ帰って、わが子に対すると、とたんにワカラズヤの親になってしまう。りっぱな先生の子育てがうまくいかないことがすくなくない。

叱るにしてもホメるにしても、近すぎるのがいけないらしい。不思議である。先生からのひとことで、すばらしい人生を切りひらいた例はすくなくないが、親のことばで、志をたて、大成したというのは珍しい。いちばん近い母親のはげましや賞賛によって大成するのは珍しいのである。

フランスに、〝よく笑う医者はよく治す〟ということわざがあるらしい。医者は、たいていシカメッツラをして、患者にきびしいことを言う。それで病院へ行くと病気が悪くなると本気で思っている人もある。ところがなかには、患者を元気づけるドクターもいる。

「それほど心配することはありません。しばらく様子を見ましょう……」

どんなおそろしい宣告を受けるかと思っていた患者は、医師のやさしいことばをきくと心をおどらせる。足どりも軽いのである。その先生が名医であるように思われる。

同じように、よくホメる親はよく育てる、ということもできるだろうか。

叱るべきときに、あえて叱らない

それとは別のホメ方がある。

叱るべきときに、あえて叱らず、見守るのである。

ある少年は、よそのものをとってきたが、それが露見してちょっとしたさわぎになった。学校には知られないですんだが、まわりが冷たい目を向ける。本人は、親から、どんなにひどく叱られるかと、こどもながら覚悟をきめていた。

ところが、どうしたことか、両親とも、ひとことも叱らない。

不思議なもので、叱られるべきときに、叱られないのは、叱られる以上に、こたえる。こどもは深く反省、二度とこんなことはすまいと思ったという。叱らずして、みごとに叱ったのである。こどもはときどき叱られたくなるのかもしれない。そして叱られて大きく成育する。一度も叱られない、というのは健康ではないのである。

叱られなくてはならないとき、叱られないと、叱られたいときに、叱ってもらえない。そういうことをしているうちに、こどもの心は深まる。叱ってよし、叱らぬもまたよしである。

こどもを叱るのは難しい。ホメるのはもっと難しい。しかし叱るべきときに、あえて叱らないのは、こどもに深いものを気づかせる。それによって、こどもの将来を変えることもできる。

家庭という学校が、そこまで考えれば、夢のようなことがおこる。

手伝い

洗濯ものの宅配

あるとき、ある女子学生が、

「洗濯なんかしたことありません」

という。この人は、大学の学生寮に入っている。洗濯もの、どうするのか。

「寮に洗濯機があるんですけど、わたし使い方、知らないんです」

洗濯ものはどうするのか。

「たまると宅配便で、ウチへ送ります。入れ替えみたいに、ウチから洗濯したのが届くんです。便利ですよ」

と笑った。

イギリスのエリザベス女王が、下着はご自分で洗われる、ということを本で読んで感心した、直後のことだった。

私は、中学の五年を寄宿舎ですごした。もちろん洗濯機などというものはない。十二歳の少年は、もちろん洗濯の仕方もよく知らないが、上級生のするのを見て、いい加減な洗濯をする。よごれのよく落ちていないシャツを着て学校へ行くと、みんな、真白いシャツをきていて、気恥ずかしい。洗濯がだんだんうまくなる。なんとなく自分が成長しているという気持になった。

女子大生が、実家と洗濯ものの交換をしているという話をきいて、ふと、寄宿舎のことを思い出した。やってみれば、洗濯なんて何でもない。手の体操だ、くらいに考えることができる。現代の学生は、恵まれているのか、毒されているのか。

いまの家庭は、学校の勉強を大事にする。親が子にものを頼んでも、「勉強がある」と言えば、ことわることができる。親は子にものを頼まなくなる。

何もしなくていい。しっかり勉強して……と親は勉学第一である。昔は家族がひとつの部屋にいっしょにいたが、戦後になって、こども部屋をつくるのが当たり前のようになった。

外国から〝兎小屋〟などといわれる家の中にこども部屋、勉強部屋をこしらえるのに、親たちがどんな苦労をしたか、こどもは知らない。

いやなことがあると、勉強部屋へこもる。手伝いに呼び出されることもないから、マンガでも見ていればいい。

こうして、〝ハコ入りこども〟が育つ。

「ハコ入りこどもに、洗濯などさせるのはよほど旧式な親である」となる。

それだけ、よく勉強できるか、というのは、また、別の話である。

家の手伝いがこどもを育てる

かつての家庭は忙しかった。ことに農家では、田植え、刈り入れなどにはネコの手も借りたい、と言ったものである。小学校も、農繁休暇といって、学校を休んだ。こどもたちに、手伝いするように、できなければ、小さい子のお守りをするようにという配慮である。

手伝っているうちに、仕事を覚える。親の苦労もじかにわかるようになる。農家などでないと、目ざましい手伝いをすることは難しいが、ちょっとしたことはできる。夕方、雨戸をしめることを言われている子がすくなくなかった。仲間と夢中になって遊んでいても、お寺の鐘がなると、〝もう終わり〟といっていめいめい家へ帰る。暗くなったら帰って、雨戸をしめることを言いつかっているのである。

ほかにも、いろいろなことを、させられる。いやだと思う子もいただろうが、たいていは当たり前だと思っていた。それより、大人からものを頼まれるのは、認められているようで、こども心をくすぐるのである。なにか頼まれると、喜んですることがすくなくない。

手伝いをしているうちに、いろいろな経験をする。なかでも失敗したりするのはもっとも有効な体験である。

なにもすることがないと、こどもは、台所の母親のそばにまつわりつく。包丁で野菜の皮をむくのが、見ていておもしろい。「やらせてー」といって、じゃが芋の皮をむこうとすると、手がすべって指を傷つけそうになる。なんでもないように皮をむく大人は、えらい、と感心する。何度か失敗しないでも、リンゴや柿の皮をむくことができるようになる。うまくできたときの快感は格別で、自分が大きくなったような気持になる。

いまの家庭はこどもの勉強を大事にする、というより、成績を気にする。学校へ通っている以上、勉強が第一、ほかのことはなるべくさせない。家事の手伝いなどさせて、成績がさがったらどうする、などと思ったりする。

勉強さえしていればいい。ほかのことはしないでいい。極端にそう考える家庭が多い。

さぞかし、勉強がよくできるだろうと考えるが、その実、それほどのことはない。むしろ勉強の時間のすくない方がよくできる、ということもある。

アメリカの大学生のことだが、家庭からたっぷり学費、生活費を送ってもらっている人たちよりも、アルバイトなどで自活している学生の方が、成績のよいケースがすくなくないという。

家の手伝いは、勉強の妨げになることはまずない。むしろ、いい効果をもたらす方が多いであろう。進学が大問題になってから成人した人たちは、点とり競争にあおられて、勉強に目の色をかえた。親たちも、うちの勉強では安心できなくて、塾へ通わせることが多くなった。こどもは、学校から、まっすぐ塾へいくというようなのが珍しくなくなった。「ウチの手伝いなんか、させられるものですか」と親たちは思っている。

学校と家庭に〝生活〟を取り戻す

学校には〝生活〟がない。学習ばかり、わずかに昼の給食があって生活をすこし味わうが、あとは、生活を停止して、学習ばかりである。

これがどんなに不自然なことか、教育の普及したいまの人たちにはよくわからないのである。勉強さえしていればいい子だと考える。こどもに生活などいるものかと思っている人もある。長い間、学校教育を受けていると、だんだん、生活のないのが、人間の発育に大きな害を及ぼすことがわからなくなってしまう。

学歴は申し分がない。社会的にも有能であるが、どこか人間らしさに欠けている。生活のない勉強一点張りの人生を送ることの反省はすくない。

人間を人間らしく、豊かな心をもち、大きな仕事をなしとげるには、どうしても生活力が必要で、その生活力は、本だけ読んでいては、身につくものではない。

学校の勉強は、ほとんど目だけを使う。すこしは、手を動かすこともあるが、じっと坐っていて、動かない。それでは、ほかのところは遊んでいる。

生活には、動くところはすべてはたらかせる。

実際に生活欠乏症を治すのは容易ではない。点とり競争も楽ではないが、人間として成長するのに欠かせない生活力を身につけるのはたいへん難しい。

生活の乏しい学校が、昔から、修学旅行をしたのはおもしろい。なんの役にも立たない観光旅行の一種である。友だちといっしょに一夜をすごすということはつよい印象を与える。一生の思い出になる。効果は小さくない。そうかといって、何度も修学旅行をしているわけにはいかない。

家庭の手伝いは、生活教育として価値をもっているが、問題も生じつつある。家庭にも生活がすくなくなってきたのである。高学歴の人ほど生活をバカにする傾向があり、そういう人が家庭をつくると、生活の度合いがうすくなる。仕事は大切にするが、生活はかえりみないのを新しいように錯覚する。

そういう家庭では、こどもが手伝おうにも家事そのものがない、ということになる。手伝いなど古臭い、と考えるのはやはり偏見である。

こどもの自然

ある老人の悩み

Mさんは八十八をこえた老人である。ヒマだろうと思うと、毎日、目のまわるほど忙しくしている、というのである。

ハテ、このお年で、それはないでしょう、ときいてみると、実際、朝から夕方まで、家の中をうろついてへとへとに疲れる。

なんで忙しいのか。

ほしいものが、つぎつぎ、なくなるのである。知り合いがモノを贈ってくれた。礼状を書こうとしたのはいいが、文箱《ふばこ》が見つからない。ついこの間も出したのだから、なくなるはずがないが、いつものところにない。

どこへ行ってしまったか、思い出す手掛りもない。ありそうなところを見るが出てこない。

疲れて一服していると、これはしたり、机の下にころがっているではないか。どうしてこんなところにかくれていたのかわからないが、いやになる。自信をなくして、礼状を書く気にならない。

封筒の封をするのに、ノリがいる。プラスティックのノリを買ってあるのに、きょうに限って、姿を見せない。

机の上、まわりを、バタバタさせて、やっと見つけたのは、古くてヒカラビて、用に立たない。ほかのはどこだ、とさがしているうちに、気分が悪くなって、ひと休み。もう手紙を出しにいく元気もなく、きょうはここまで、あとは明日のことにしよう。そう思うとまた、どっと疲れが出る。

どうして、こんなにモノがなくなるのか。

なくなるのではない、雲がくれするのである。ヒマにまかせてそんなことを考える。

そして、たわいもないことがわかる。モノを使ったあと、そこいらへほうり出す。それがいけないのだ。奇想天外なところへちょっと置く。二度とそこを見たりすることもないところである。そんなところへかくれたモノは、めったなことでは、姿を見せてくれないのである。いくらさがしても、出てこないわけだ。

「もとのところへ戻せ」

そんなことがわかって自分で感心しているところへ、旧知のO女史が遊びにやってきた。こども扱いが天下一品といわれた人である。彼女はこともなげに言う。

「お片づけができていないのです」

こどもは夢中になって遊ぶ。しかし、あきると、いろいろなものをほうり出して、やめてしまう。いくら、片づけるように言っても、知らん顔をする。用のなくなったものなどに用はない。こどもはそう割り切っているらしい。しかたがないから大人があと片づけをすることになる。

「あと片づけって、とても難しいことなんですね。それで、片づけるしつけを受けないで年をとる。ものがなくなるのは当たり前でしょう。私自身も、このごろ、身のまわりのものがなくなって、さがすのに、時間をつかって情けない思いをしています。あと片づけができていないからでしょうね」

イギリスのこどものしつけのひとつに、

「もとのところへ戻せ」(Put it back to where it was.)

というのがある。

モノを使ったら、あと、かならず、もとのところへ戻しておくように、というのである。思いつき、というより、何気なく、そのへんへ、ちょっと置くのがいけない。それがたいていは思いも及ばないところだから、あとでさがしても見つからない。もとへ戻せ、というのはもっとも有効な教えである。

日本の〝片づけ〟はすこし抽象的である。もとあったところへ戻すというのは、具体的でわかりやすい。

日本の小学校でも、かつて、整理整頓、ということを言った。こどもたち、ことに低学年のこどもには、整理とか整頓とか、いかにも抽象的でピンとこない。「もとのところへ戻せ」なら、幼い子にもわかる。

こどもはなぜ片づけないのか

このことば、こどものためだけではない。大人にとっても有用である。もとへ戻すことを知って生きるか、そんなことは考えもしない生き方をするか、一生のあいだに大きな差が生じる。もとへ戻すことが身についていれば、年老いて、さがしもので疲れ切るというようなこともなくてすむであろう。

ちらかすだけちらかす。

あと片づけなどしようとは思わない。

どんどんものがなくなっていく。

かまわず、新しいモノゴトに夢中になる。

過ぎたことに用はない。なくなったものは、なかったものと思ってあきらめる。くよくよ探しまわったりしない。そうすれば、すっきりする。こどもは、そうして、日々新しく育っていく。カラのようなものはどんどんすてる。すてるとも思わずに、すてる。それが生活になる。いちいち、あとを整理したり、片づけをしたりするのは、きれい好きな人間の趣味である。どんな賢い動物でも、自分のしたことを反省したりしない。それが自然である。

こどもはまだ自然にちかい。だから片づけるなどということは考えない。それでどんどん成長していく。

年をとるとその活気がなくなり、ちらかっていたり、ゴミゴミしていると、目ざわりになる。きれいにしたい。さっぱりしたい。そう思うのは生気が落ちているからである。

こどもは活力充分である。乱雑だっておどろかない。新しいものに飛びついていく。

大人がこどもに、あと片づけをさせようというのは大人の勝手である。こどもは迷惑するかもしれない。

きれいな部屋より乱雑な部屋

ある小学生が、いくら勉強しても、さっぱり成績があがらない。たのまれて先生が家庭へ様子を見に行った。

すばらしいりっぱな勉強部屋があった。よく掃除が行きとどき、チリひとつない大きな部屋に小学生はふんぞり返っている。

机の上に小さなゴミのようなものが見えるとその子は眼光するどく、それをとりのぞく。ほかの部屋でちょっとした音がすると、立ち止まって見に行こうとする。すこしもじっとしていないでチョロチョロ。

「神経質なんでしょうね」

とおばあさんは孫をむしろ誇りにしている。

つまらぬことが、いちいち気になるのがいけないのである。ゴミひとつない部屋は、ガラクタで混乱している勉強部屋よりも気が散りやすく、集中できにくい。

きれいになっている部屋より、乱雑な方が勉強には適しているということは、おばあさんには、どうしてもわからなかったという。

あと片づけが大切、というのは、大人の考えること。成長ざかりのこどもにはあてはまらないかもしれない。

年をとると、人間はまた、こどもに帰るのであろう。あと片づけができなくなるのである。それで、やたらにものを見失う。

人間の不思議である。

大人が、大人の理屈をこどもに押しつけることで、こどもは思わぬ迷惑を受ける。

こどもの自然を大事にするのは大人には難しいことである。

公平

公平に接する難しさ

　知り合いの奥さんがきて、なげいた。何のことかと思ったら、小学生の男の子から、

「お母さん、エッチ！」

と言われたというのである。買いものに行くのに一緒に歩いていて、お母さんが男の子の手をとったのである。とたんに、そうさけんだという。

　以前は、仲よく手をつないで歩いただけにお母さんにはショックだったらしい。

　学校の友だちで、男の子と女の子が手をつなぐことはまずない。つなげば、エッチといわれる。それをウチへもち帰って、母親をかなしませたのである。お母さんには、

男の子と手をつないで歩きたい気持がある。それを拒まれてつよい打撃をうけた。

父親にも女の子と手をつなぎたい気持があっても、おさえる気持がはたらくのである。父親にとって、女の子の方が男の子よりもかわいいような気がする。母親の男の子へ対する気持は、それよりつよいのかもしれない。いつまでも手をつなぎたい。

女の子は、どちらかと言えば、母親よりも父親の方が好きなことが多く、男の子はその逆であるが、昔の子は、お母さんをエッチよばわりすることはなかった。

ある家庭で両親が話し合っていた。子だくさんの家庭だが、女の子が五人。父親が三女のことを「あれは、いいお嫁さんになりそうだから、大学へは行かなくてもいい」といった。母親も同じ考えであった。

運悪く、そのはなしをとなりの部屋できいてしまった三女はびっくり。そんな風に思われているのなら、勉強して大学へ行き、学者になってやろうと思ったそうである。

それから十五年して、三女は大学院を出て大学の教員になっていた。親の考えたようなお嫁さんにはならなかった。ひそかなレジスタンスだったらしい。

ひとりっ子なら問題はないが、きょうだいが何人もいると、こどもは、両親が同じようにかわいがってくれているかということについて、ときどき敏感である。ほかのきょうだいの方がかわいがられているのではないかと思うのである。

親の方はそうとは思わず、自然にこどもに接しているつもりだが、どうしても多少の違いはある。

ほかのきょうだいより少なくかわいがられていると思うと、わざと〝わる〟ぶったりして、親の気持をたしかめようとしたりする。

昔の子だくさんの家庭では母親は案外、賢くて、こどもたちに差別を感じさせないように細かい神経を使った。

夏、西瓜を割るときである。家族の数だけ平等に切らないといけないことを母親は知っている。こどもたちは、すこしでも大きなのをとろうとするが、差がないのである。みんなを同じように大事にしてくれているのだということを感じて、こどもたちは幸福なのであった。

それでも、好きな子と、それほどでもない子ができてしまうのだから難しい。

教師の悪口を家庭で言わない

このごろの小学校はたいへん難しいという。家庭の親たちが、何かというと、学校のすることに異をとなえる。経験の浅い教師、ことに新任教師で、気の弱い人はたちまちノイローゼのようになる。思い余って学校をやめる人もある。そこまではいかず休職する教師はかなりあるらしい。

いまの家庭は高学歴化しているから、こどもの学校の先生のすることがいろいろ気に入らない。なにかあると、だまっていないで抗議するのである。下手すると、教育委員会へ手紙を書いて騒ぎになる。

そういう親たちも、母親は男性教師に甘く、女性教師にきびしいのがおもしろい。担任が替わるとき、男の先生の担任になると、〝ヤッタ！〟と叫び声があがるという。女性の先生はさぞおもしろくないだろうが、それを口にできる世の中ではなくなっている。ひところほど、教員を希望する若い人、とくに女性が多くないのは是非もない。

家庭としては、すこしくらい、おもしろくないことがあっても、いちいち、さわぎ立てないことである。こどもの前で、学校の先生のことを悪く言うのはたいへんまずいことである。ウチで、悪く言われている先生の授業を心をこめて受けることは難しい。結局、わが子のためにならないことをさとらなくてはいけない。

昔の家庭の親たちは、学歴も低くて、先生を尊敬することが多かった。

うちで言っていることと、学校の先生の言うことが違うことがあって、こどもが、「うちで白と言っていることを、学校の先生は黒だと言ってるよ」と言うと、親は、「それなら、うちでも黒にしよう」と応じた。こどもは先生への信頼を高めることになる。昔の先生は楽だった。それに引きかえ、今の先生は容易ではない。それを思いやることのできる家庭はりっぱな家庭といってよい。

好ききらいを外にあらわさない

学校の先生にも努力してもらいたいことがいろいろあるが、いちばん大切なことは、公平である。これがなかなか、どころか、大変難しい。

たいていの先生が、ヒイキの子をつくる。とくに目をかける。二時間も授業参観していれば、その先生はあの子とあの子とあの子がヒイキであることがわかる。ヒイキでない子と接し方が違うのである。こどもにとって、ヒイキにされない子にとって、ヒイキほどいやなものはない。ヒイキをする先生は好きになれない。当然である。

Aという子は先生のお気に入りである。そのAが窓ガラスを破《わ》ったとする。先生が「だいじょうぶ？　ケガしなかった？」などという。それにひきかえ、先生にニラまれている子が、ガラスを破ると「ダメじゃないか！」となるのである。

こういうことがもとで不登校になったりすることもありうる。

女性の先生はだいたいにおいて男の子にヒイキが多く、男の先生は女の子をかわいがる傾向がある。

教師も人間である。何十人ものクラスのこどもと公平に平等に接することはとてもできることではない。ヒイキの子ができるのを止めることはまずできない、としてよい。

だからといって、ヒイキをのさばらせてはいけない。できるだけ抑える。露骨な差別は極力さける。それにはかなりの修業が必要であるが、いまは、それを気づかせてくれるところもないようである。

好き、きらいができてしまうのは、いたしかたないことであるが、それを外にあらわすのは、たいへんよくないことである。そういうことを知るだけで、人間はかなり進歩するだろう。

公平さを保つのは、それくらい難しいが、すぐれた人間を育てようと思えば、家庭であろうと学校であろうと、社会であろうと、まず心がけるべきことであるのははっきりしている。

あとがき

〝こどもは、みんな、天才的能力を持って生まれてくる〟

ぼんやりものを考えていて、そんなことが頭をかすめ、おどろいて、目のさめる思いであった。

そんなことを考えない、こどものまわりが、ほうっておくから、いつとはなしにその天才的能力が消滅してしまう。運のよいのが、それを引き出して、本当の天才にするのであろう。幼い子の育成に本腰を入れれば、この世に天才があふれるようになるかもしれない。生まれてから数年の子育ては、一生を左右する——などと考えた。

それより以前、幼い子の成長、発達は、大学生の進歩よりもはるかに大きいと考えたこともある。年齢が高くなればなるほど高級なことが学べるように考えるのも錯覚である。小学校は大学より多くのことを学ぶことができる。本気でそう思ったから勤め先の大学の付属幼稚園の園長にしてもらった。こどものすばらしさをいくらか知ることができた。退職後、もう一度、幼稚園長をさせてもらったが、このときはみごと失敗。

どうしてこんなに幼児教育のことが気になるのか、自分でもおかしいくらい。反省してみると、どうも自分の生い立ちにかかわるらしいことがわかった。

私は幼いとき、生母を失った。母がないということが、こどもにとって、どういうことか、うすうすながらわかるようになったのは中年をすぎてからである。幼い子の育ち方を考えることが多くなり、書いたり、しゃべったりした。

自分の考えをひとに押しつけようとは思わない。ものを言わない幼子に代わって、訴える、というのが本心である。

そういうわけで、この本は、教育書ではなく、こどもの成長についてのエッセイである。そう考えていただければありがたい。

二〇一六年二月八日

外山滋比古

ちくま新書
1180

家庭《かてい》という学校《がっこう》

二〇一六年四月一〇日　第一刷発行

著　者　外山滋比古（とやま・しげひこ）

発行者　山野浩一

発行所　株式会社筑摩書房
東京都台東区蔵前二-五-三　郵便番号一一一-八七五五
振替〇〇一六〇-八-四一二三

装幀者　間村俊一

印刷・製本　株式会社精興社

乱丁・落丁本の場合は、左記宛にご送付ください。送料小社負担でお取り替えいたします。
ご注文・お問い合わせも左記へお願いいたします。
〒三三一-八五〇七　さいたま市北区櫛引町二-六〇四
筑摩書房サービスセンター　電話〇四八-六五一-〇〇五三

ISBN978-4-480-06885-9 C0237

ちくま新書

1104
知的生活習慣
外山滋比古

日常のちょっとした工夫を習慣化すれば、誰でも日々向上できるし、人生もやり直せる。『思考の整理学』の著者が齢九十を越えて到達した、知的生活の極意を集大成。

1085
子育ての哲学
——主体的に生きる力を育む
山竹伸二

子どもに生きる力を身につけさせるにはどうすればよいか。「自由」と「主体性」を哲学的に考察し、よい子育てとは何か、子どもの真の幸せとは何かを問いなおす。

1041
子どもが伸びる ほめる子育て
——データと実例が教えるツボ
太田肇

「ほめて育てる」のは意外と難しい。間違えると逆効果。どうしたら力を伸ばせるのか？ データと実例で「ほめ方」を解説し、無気力な子供を変える育て方を伝授！

399
教えることの復権
大村はま
苅谷剛彦・夏子

詰め込みかゆとり教育か。今再びこの国の教育が揺れている。教室と授業に賭けた一教師の息の長い仕事を通して、もう一度正面から「教えること」を考え直す。

828
教育改革のゆくえ
——国から地方へ
小川正人

二〇〇〇年以降、激動の理由は？ 文教族・文科省・内閣のパワーバランスの変化を明らかにし、内閣主導の現在、教育が政治の食い物にされないための方策を考える。

1014
学力幻想
小玉重夫

日本の教育はなぜ失敗をくり返すのか。その背景には、子ども中心主義とポピュリズムの罠がある。学力をめぐる誤った思い込みを抉り出し、教育再生への道筋を示す。

978
定年後の勉強法
和田秀樹

残りの20年をどう過ごす？ 健康のため、充実した人生を送るために最も効果的なのが勉強だ。記憶術、思考力、アウトプットなど、具体的なメソッドを解説する。